大学における海外体験学習への挑戦

Challenges to Overseas Experience Learning at University

子島 進・藤原孝章 編
Susumu Nejima & Takaaki Fujiwara

ナカニシヤ出版

目　次

00　大学における海外体験学習（子島　進・藤原孝章） ——— 1

1　海外体験学習の原点　*1*
2　海外体験学習の多様性　*3*
3　主要な研究テーマ　*6*
4　本書の構成　*14*
5　海外体験学習がめざすもの　*16*

第1部　事例編

01　海外スタディツアーにおける授業づくり（箕曲在弘）——— 26
アクティブラーニングにおける「関与」を中心に

1　海外スタディツアーにおける「深い関与」　*26*
2　「深い関与」を導くための基礎づくり　*28*
3　「深い関与」を導くための三つの仕掛け　*32*
4　「深い関与」を導く仕組み　*39*

02　海外スタディツアーにおけるルーブリックの作成と活用（藤原孝章）
——— 45

1　海外体験学習としてのスタディツアーの特徴と課題　*46*
2　「ハネムーン効果」と体験の言語化の課題　*48*
3　学びの評価の機会と手だて　*50*
4　ルーブリックの定義と導入の目的　*51*
5　生涯にわたる学習意欲と市民性の育ち　*57*
6　おわりに：海外体験学習としてのスタディツアーの強みと弱み　*58*

03　海外体験学習における学びの変容と市民性（中山京子・東　優也）
——— 60

1　はじめに　*60*
2　グアム・スタディツアー　*61*
3　コラージュ制作を用いた学びの変容の視覚化　*64*

ii

 4 メジローの学習変容論を用いた自己の学びの変容の意識化 *66*

 5 おわりに *73*

04 NGO（NICE）による国際ワークキャンプ（山口紗矢佳）————*76*
状況学習の観点から

 1 はじめに *76*

 2 国際ワークキャンプの事例分析 *79*

 3 結　論 *91*

05 海外体験学習におけるリスクの共有化と課題（齋藤百合子）
————*96*

 1 はじめに：リスク管理からリスク・コミュニケーションへ *96*

 2 現代のリスク社会とリスク・コミュニケーション *98*

 3 フィールドスタディにおけるリスク・コミュニケーションの事例 *101*

 4 リスク・コミュニケーションの成果：行動の変容 *108*

 5 結論：リスク・コミュニケーションの可能性と課題 *110*

第2部　マネージメントと評価

06 大学教育における海外体験学習が受入側に与える影響（岡島克樹）————*114*
カンボジアの事例から

 1 はじめに：問題の所在と本章の目的 *114*

 2 調査の方法 *117*

 3 インタビュー調査の概要と結果 *119*

 4 考　察 *124*

 5 まとめ：今後の研究への期待 *127*

07 プログラムの制度化と学びを支える職員の参画（黒沼敦子・大川貴史）
————*133*

 1 はじめに *133*

 2 海外体験学習プログラムの制度化の事例 *135*

 3 教職協働と職員の専門職化 *143*

 4 議論と結論 *147*

目　次　*iii*

08　海外渡航時のリスク管理 —————————————— *151*
学内体制の把握と検証（敦賀和外・本庄かおり・安藤由香里・小河久志・辻田　歩・大橋一友）

1　背　　景　*151*
2　調査方法　*152*
3　結　　果　*155*
4　考　　察　*159*

09　海外留学とキャリア形成（新見有紀子・岡本能里子）————————— *162*
期間別でみる海外留学のインパクト

1　はじめに　*162*
2　先行文献　*163*
3　調査の手法　*165*
4　結　　果　*167*
5　考　　察　*173*
6　おわりに　*174*
［補足資料］1ヶ月未満の海外体験学習におけるインパクト（質問紙調査から）　*176*

コラム①　JOELN 発足当時のこと（田中義信）　*20*
コラム②　海外体験学習における多様性（大橋正明）　*22*
コラム③　外国人になってみて（千本梨紗子）　*43*
コラム④　青年が変われば，世界が変わる：CFF の人材育成（石井丈士）　*94*
コラム⑤　アメリカのサービスラーニング（村上むつ子）　*129*
コラム⑥　日本におけるサービスラーニングの意味（村上むつ子）　*131*

事項索引　*182*
人名索引　*183*

00 大学における海外体験学習 [1]

子島　進・藤原孝章

1 海外体験学習の原点

　本書は，大学における海外体験学習の成果と課題をまとめた論文集である。主だった執筆者は，大学における「海外体験学習」研究会（英語名称は Japan Overseas Experiential Learning Network. 以下 JOELN）のメンバーである。さまざまな大学におけるプログラムを記述・分析する「事例編」と，海外体験学習をより広い視野から検討する「マネージメントと評価」の二部構成となっている。

　大学における海外体験学習が広く注目されるようになったのは，2010 年以降，政策として「グローバル人材の育成」が提起されてからであろう（留学の歴史的な流れにおける「グローバル人材」の位置づけについては，芦沢（2013）を参照）。それ以降，全国各地の大学で海外体験学習に関する研究会やシンポジウムが盛んに開催されるようになったが，JOELN はこの動きに 10 年近くも先行する形で研究会を続けてきた。2004 年以来，毎年数十〜百名もの教職員や学生が日本全国から集まり，海外での体験学習をよりよい実践とするための議論を，事例研究をもとに深めてきた。

　創設メンバーが述懐するように（コラム①・②）当初の海外体験学習と担当教員は，大学内でも「変わり者」的な扱いを受けるマージナルな存在だった。夏休みや春休みの 1–2 週間，付きっきりで学生を引率するのは，教員にとってかなりの負担である。論文を読んだり書いたりする研究時間が削られることになるにもかかわら

---

1) 本章は，子島・岡島（2015）をベースに，この論文集のために大幅に加筆修正したものである。

ず，学期中の負担が減るわけでもない（参加学生に卒業に必要な単位が付与されることはあっても，教員の学期中の担当講義数は変わらない）。下手をすると，海外研修にかかる費用の一部が持ち出しになることもある。事故や病気が発生しても，当初は大学としての対応も制度化されているわけではなかった。「何でそこまでやるの？」というのが大方の見方であった。

　このような「逆境」のなかで，海外体験学習を主導する教員を突き動かしたものは何だったのだろうか？　多くの場合，それは田中義信氏がいう「自分がみえた，自分がいる場所がみえた，自分を包んでいる世界がみえた，そこに自分がいるということがみえた」（本書コラム①）という強烈な原体験である。自らの異文化フィールド体験をもとに，「みえた」という経験を，学生たちにもしてもらいたいという気持ちが強くあったのである。

　このように海外体験学習の意義に対しては強い思いがあったものの，多くの教員の原体験が制度の枠外における「個人的なもの」であったため，大学という組織における「グループ研修」の方法論に関しては，手探りの状態が続いていた。限られた日程のなかでプログラムをどのように組むべきか，安全をいかに担保するのか，帰国後の学習のあり方は……議論すべき問題は山積みであった。

　このような背景のもと，2004年，JOELNの最初の年次大会が中央大学において開催された（以下の記述は，このときの報告書（大学教育における「海外体験学習」研究会，2005）に基づいている）。

　研究会立ち上げの発端は，2004年1月にタイのパヤップ大学において開催された「サービスラーニング国際会議」に，国際基督教大学，中央大学，桃山学院大学，恵泉女学園大学が参加し，問題意識を共有したことに遡る。

　同年11月に開催された中央大学での第1回研究大会では，六つの大学が事例報告を行った（国際基督教大学，桃山学院大学，中央大学，プール学院大学，明治学院大学，恵泉女学園大学）。これに加えて，大阪女学院大学や清泉女子大学の教員も初期のメンバーであった。この顔ぶれからは，現場での「奉仕」と「国際」を掲げるキリスト教主義の大学が，初期のJOELNの活動を先導していたことを確認できる。

　この最初の大会には30大学から教職員や学生が集い，共通の問題が確認された。すなわち，全学的な理解が欠落していること，組織化が遅れていること，危機管理体制が未整備であること，学生活動の評価が定まらないことなどである。制度化が大きな目標であったため，研究会の対象は「海外で行われる単位化されたプログラ

ム」を必須の条件としていた。

研究会としての課題としては4点が挙げられている。

（1）教育としての理念，内容，方法，評価等に関する現状認識と改善の模索
（2）学生の受け入れ先の検討，ならびに受け入れ先との関係構築
（3）危機管理の強化のための方策
（4）学内体制のあり方

初代代表を務めた大橋正明氏は「今ふりかえってみると，フィールドスタディの多様性に加えて，どこまで教育（学）の領域に分け入っていくのか，手さぐりの状態だった。たしかに，「途上国」を対象に，現地のNGOを通じて何らかの活動を学生が行う点が共通点となっていた。しかし，私のようなNGO出身者は，やはり地域の問題，受け入れ先への配慮ということにまず目がいくのに対して，学生の自己理解に重きを置くアプローチもあることを知った。異なるアプローチがあることを，たがいに認知するのにしばらく時間がかかった」と述べている（2013年11月6日インタビュー。コラム②も参照）。

参加者それぞれが投影する「海外体験学習」のイメージには，実は大きな幅があったのである。しかし，先の4点の課題を共有し，取り組んでいこうとする熱気を，報告書からは感じることができる。

2 海外体験学習の多様性

JOELNの活動について話を進める前に，海外体験学習という用語の使い方やその範囲について見ておきたい。表0-1は，多様な海外体験学習をカテゴリーごとにまとめたものである。これらの活動には，実際はさまざまな属性があるのだが，本書の中心テーマとなる海外研修やサービスラーニングなどの活動が中心にくるように，（おおまかにではあるが）配置している。

まず，上左端の「長期留学」からみていこう。これはもちろん個人ベースということになるが，各大学とも交換留学を盛んにしようと，制度化を図っている。具体的には，協定校の増加，海外留学奨学金の創設，長期の留学経験と4年間の卒業が両立するような単位互換などの制度を整えつつある。

長期の留学の強みは，なんといっても外国語運用能力の向上や異文化対応力に表

表 0-1 海外体験学習の多様性 (藤原・子島作成)

	長期留学	語学研修	インターンシップ,社会起業体験	海外研修（フィールドスタディ）	サービスラーニング
実施主体	大学, エージェント	大学, 語学学校,エージェント	NGO, 大学	大学	大学, NGO
期　間	半年から1年	1ヶ月程度	1ヶ月程度	10日前後	1週間〜1ヶ月
研修先	主として欧米,AS・NZ	主として欧米,AS・NZ	主としてアジアの企業, NGO	主としてアジア	欧米, AS・NZ,アジア
単位化	協定校○, 個人×	協定校○, 個人×	大学○, NGO△	大学○	大学○, NGO○
学習方法	講義（ボランティア）	講義	アクティブ, 参加	調査, 参加, 省察	アクティブ, 参加,省察
インパクト	語学力, 異文化対応力, 自己効能感,キャリア	語学力	キャリア, 交流,異文化対応力	市民性, 社会性,自分探し	キャリア, 交流,知識の文脈化

	ワークキャンプ／ボランティア	スタディツアー	ワーキングホリデー	バックパック旅行	
実施主体	NGO（大学との連携）, 旅行代理店	NGO, 旅行会社	個人	個人	
期　間	1週間〜1ヶ月	1週間〜10日	1-2年	1週間以上	
研修先	主としてアジア	主としてアジア	協定国（14か国）	世界	
単位化	単位として認める場合あり	×	×	×	
学習方法	アクティブ, 体験	体験	労働	体験	
インパクト	自分探し, 社会性	交流, 自分探し,社会性	会話力, 異文化対応力, 交流, 市民性,自分探し	異文化への対応,社会性, 自分探し	

れてくる。また自己効能感や自己成長感も高まる傾向にある。横田雅弘らの研究グループ（横田, 2015）は, 留学経験者と未経験者の大規模な比較研究を行っている。そして, 外国語運用能力の向上, 日本人意識の向上, 外交や国際関係への興味の増大, 多様な価値観や文化的背景をもつ人々との共生意識, 自己効力感や自己肯定感など, 留学によって前向きな価値観の醸成が図られることを明らかにしている。

特に交換留学の場合, 高度な英語力（留学先によっては, ドイツ語, フランス語, 中国語など）を要求されるため, 希望者全員が行けるわけではない。大学が用意する海外語学研修は, 交換留学に行くための準備にもなるよう往々にして制度設計されている。1, 2年生が, 夏休みに海外の大学で語学の講義を受けている様子をイメージしてもらうとわかりやすいだろう。こちらも学部や学科の方針によっては, 単位化されている（自分で探した語学学校の研修に, 長期休暇を利用して参加する学生もいる）。

「インターンシップ」や「社会起業体験」は，近年，大学教育においてその重要性が高まりつつある。1名ないし数名の学生が派遣先の企業やNGOに受け入れてもらい，実地の労働に従事する。所定の労働時間をクリアし，かつ事前や事後の学習を課すことで，単位として認められるようになっている。

本書の中心テーマとなるのが，表0-1でいうところの「海外研修」である。大学によって「フィールドスタディ」や「海外フィールドワーク」「海外スタディツアー」などといった異なる名称が与えられているが，大学が実施する10日前後のグループ活動である。アジアを中心に，世界各地を訪れる複数のプログラムを，いくつもの大学が実行している。日本全体では，毎年何千人もの学生が参加していることだろう。アクティブラーニングを組み込んだ手法によって，現地に滞在する日数は短くても，参加者一人ひとりに濃密な体験を提供するプログラムである。

「サービスラーニング」は，キリスト教系の大学において積極的に導入されている。大学で学んだ知識をコミュニティでのサービス（奉仕活動）において生かし，両者を統合する点に，アクティブラーニングを重視する「海外研修」との共通点がある。先述したように，日本の大学における海外体験学習を先導したのはキリスト教系の大学であった（コラム⑤・⑥，ならびに本書第7章を参照）。このため，サービスラーニングで開発された手法の多くが，大学の海外研修には取り入れられている。

上記二つのカテゴリー，すなわち「海外研修」と「サービスラーニング」が，大学教育における海外体験学習の中核である。「インターンシップ」や「社会起業体験」も，海外研修の進化・複合化にともなって，今後は重要な一翼を担うことになるだろう。

さらに，NGOの「ワークキャンプ」や「スタディツアー」も重要な位置を占めている。というのも，大学の海外研修には，もとをたどれば国内外のNGOのスタディツアー／ワークキャンプを，部分的にせよ利用したものが多いからである。たとえば，JOELNの初代代表の大橋氏によるバングラデシュ研修は，シャプラニールという国際協力NGOのバングラデシュ駐在員だったという同氏の経歴がそのまま生かされている。当然のことながら，この研修は，シャプラニールのスタディツアーのノウハウや，大橋氏が現地で培ったネットワークを最大限活用することで成立していた。あるいは，筆者たち（子島・藤原）がそれぞれ海外研修を行う場合にも，旧知のNGOや現地の大学と連携してこそ，プログラムの実行が可能となっている。大学とNGOのパートナーシップの重要性が今後ますます高まっていくだろうことは，本書第4章からも予見されるだろう（コラム④も参照）。

6

　下右端に位置する「バックパック旅行」や「ワーキングホリデー」では個人の自由度が高く，自分探しや社会性の獲得という側面が強く出てくる。その一方で，どの程度の深みの旅を体験し，かつその体験を自分の経験として深化できるかどうかもまた，個人に大きく任されている。これらの活動は今のところ大学の外に位置しており，単位とも関係がない。しかし休学してワーキングホリデーに行く，長期休暇中に世界旅行をするといった学生が少なからずいることから，広い意味での海外体験学習の範疇に含めておいた方がよいだろうと，ここでは判断している。将来的にギャップイヤーが浸透すれば，大学教育との関連も出てくるかもしれない。

3 　主要な研究テーマ

　先述したように，JOELN は，ボランティアの運営委員が発案・企画する形で，毎年のように大会を開催してきた[2]。各年度の報告書をもとに，これまでに取り上げてきた主要テーマをいくつかを紹介したい。

3-1 　危機管理

　海外でプログラムを実施するにあたっては，いずれの大学も危機管理には相当な注意を払わねばならない（本書第 5 章において，この議論はリスク・コミュニケーションという概念へと進化している。第 8 章も参照）。桃山学院大学で開催された 2006 年の研究大会では，さまざまな立場から危機管理に関する報告がなされた（大学教育における「海外体験学習」研究会, 2007; 恵泉女学園大学人間社会学部, 2007）。発表者は日本アイラック（保険会社），マイチケット（旅行会社），シャプラニール＝市民による海外協力の会（国際協力 NGO），京都精華大学，恵泉女学園大学であった。多くの実例をもとに，大学に求められる対応，大学の法的ならびに道義的責任，旅行形態と旅行会社の法的責任，感染症発生の実際，帰国後のケアなどについて議論した。

　1983 年以来，200 回以上のスタディツアーを実施してきたシャプラニールであるが，2003 年のバングラデシュ訪問に際して，トラブルが生じた。参加者数名が帰国してから腸チフスを発症したのである[3]。この際，シャプラニールは情報を開示し，

---

2) これまでの活動内容については，JOELN の HP を参照〈http://joeln.jp/concept/（最終閲覧日：2017 年 6 月 28 日）〉。

00 大学における海外体験学習　7

問題点の洗い出しに努めている。

　帰国後しばらくしてからの発症は，盲点になりがちである。教員も帰国して安心し，別の仕事にとりかかっている。参加学生から発熱したというメールが来ても，メールの返信だけですませてしまいがちである。しかし，万一のことを考えれば，電話で本人と話して熱帯感染症の専門病院の所在を伝える必要がある。高熱で移動が困難な場合でも，専門病院での受診を学生に説得しなくてはならない。

　海外研修は，特に国際系の学部においては学生募集のPR材料であることから，「病気やけがの話は表に出すな」となりがちではないだろうか。シャプラニールが問題を開示したことから，実例から教訓を引き出し，共有していくことが可能となった。この情報の開示と共有こそを，危機管理における基本姿勢とすべきであろう。

3-2　ふりかえり

　ふりかえりは，「体験を通しての学び」を重視する海外研修やサービスラーニングにおいて，中核を構成する概念である。本書第1部「事例編」の収録論文からも，各大学の教員がさまざまな手法を用いて，ふりかえりを実践している様子を知ることができる。

　2009年大会（東洋大学）では，大学教育におけるスキルとしてのふりかえりに焦点を当てた（大学教育における「海外体験学習」研究会, 2011a）。和栗百恵氏（福岡女子大学。当時は大阪大学に所属）は，National Service-Learning Clearinghouse（アメリカ）から引用する形で，ふりかえりにおいて重要な3要素を挙げている。

---

(1) クリティカル・シンキング：より深く多角的な観察を促す。

(2) 全人的な関わり：学んだ知識を批判的に見るだけではなく，学びへの全人的な関わりを意図的に作っていく。

(3) 学びの共同体の創造：学生たちが相互に影響を与え合う学びの環境を創り出す。

---

3) このとき発症までに2週間が経過していたが，当時の海外旅行傷害保険は，「帰国後72時間以内に当該症状で診察を受けている」ことを求めていた。すなわち，潜伏期間の長い疾病には，適用されない可能性が高かった。その後，SARSをきっかけに，特定の感染症は，腸チフスも含めて30日間以内の受診となった。

和栗氏はまた，優れたふりかえりのための四つのCを紹介している。Continuous（継続的），Connected（連結化），Challenging（挑戦的），そしてContextualized（文脈化）である。すなわち，現場においても帰国した後においても，繰り返しふりかえりを行うことが効果を高めることになる。そして，その際には，とりあえず感想を述べ合っているのではなく，明確に学習目標につながっていることを意識する必要がある。学生の思考は学びが深まるにつれて変わっていくが，そのプロセスに刺激を与えるよう設定されていることも重要である。そして，文脈化である。フィールドでの文脈に，さらに理解を深めつつ立ち返り，あるいは日本国内での文脈に問題を移し替えて考えてみることが要請されている（ふりかえりについて，さらに理解を深めるための論考として，和栗（2010, 2015, 2016）を参照）。

　これらの点を，子島が引率したネパールへのゼミ研修（2014年9月。ネパールは2回目，通算で4回目の海外研修）を事例に，より具体的に説明していきたい。このときのテーマは，①ネパールのフェアトレード生産者を訪れ，現状を知る。②その知識を生かして，日本でネパール産のフェアトレード商品を紹介する。この2点であった。

　まず，出発前の段階から，グループの一人ひとりが自発的に学んでいくようにすることが肝要となる。フェアトレードやネパールの概要について話をしても，聞いている学生にとってはまだ行ったことのない国であり，なかなか知識として定着しない。そのため，学生だけでネパリ・バザーロへインタビューに行ってもらうこととする。

　ネパリ・バザーロは横浜にあるフェアトレード団体であり，ネパールとの取引に特化している。それまでに学んだことをふりかえりながら，ネパリ・バザーロへの質問を作るのだが，作成もインタビューも必ず分担する（フリーライダーが出ないようにする）。訪問後のゼミでは，ノート記録をワードで提出してもらい，「わかったこと」と「わからなかったこと」を確認する。わからなかったことは，メールで再質問する。

　さらに次のステップとして，ネパリ・バザーロの取引先＝ネパールでの訪問先での質問を考えていく。ここは難度が上がるところであるが，横浜で聞いてきた話を反芻し，買ってきたコーヒーやスパイスの先にいる生産者を思い浮かべながら，質問を作っていく。ただし，英語にしなくてはならないので，どこでも同じ質問を繰り返すこととする。このように，前に学んだことをあらゆる場面でふりかえり，少しずつレベルを上げながら，学びをそれぞれの学生に定着させていくよう心がけている。

　とはいえ，訪問前のリアリティの持ちように限界があるのは否めない。どんなに

準備したつもりでも，初めての国での1回目や2回目の訪問は，なかなかうまくいかないのが常である。特にこのときの初回インタビューはぼろぼろで，「あなたたちは何しにネパールに来たんですか？」と言われる始末であった。

しかし，このようなときこそ，ふりかえりが有効であり，研修を成功させるための必須の要素となる。ふりかえりの素材となるのは，「わかったこと」ばかりではない。英語をうまく話せずに質問が伝わらなかった。相手は一生懸命答えてくれたが，こちらも聞くのに一生懸命でノートをとれなかった。答えを思い出せない。そのような「失敗」も，言葉にしてグループで共有することで，明日につながる「成果」へと変えていくことができる。質問が伝わらなかったのならば，明日はこう言ってみようと考える。

そのうち，「あの時，彼女はこう答えていたよ」と，誰かがノートに記した内容をメンバー間で共有できるようになる。「フェアトレードの工房で働き始めて8年目」「月給は1万ルピー」「2人の子供を私立学校に通わせている」……毎日，フェアトレードの工房に通い，そこでの見聞についてのふりかえりを繰り返すことで，学生は自分たちが置かれている文脈に対する理解を深めていく（＝世界がみえる）。そのうち，子島（教員）がいなくても，自分たちで夕食後にミーティングを行うようになった。そして，最後の訪問先として，再度初回に訪れた団体にチャレンジすることとした。そこでインタビューを成功させたときの学生の表情の変化こそが，海外体験学習の醍醐味といえるだろう。

フィールド訪問が終われば，学びが終わるわけではない。帰国後に問われるのは，フィールドでの小さな成功体験が単に「いい思い出」になるのか，あるいは次の行動を導き出す「経験」へと深化していくのかということである。レポートを書くにしても，「なんでもいいから印象に残ったことを書いてね」ではなく，新しい気づきに至るまで，学生との対話（コメント）を根気よく続ける必要がある（うまく文章に表現できないときは，ビデオや写真を活用してもいいだろう）。

このときは，生産者からもらってきたスパイスを使ってカレーを作った。そして，その経験を発信すべく，群馬県館林市の公民館でカレー料理教室を開催した（子島は学生とともに，同市で2005年からフェアトレードのイベントを実施している。詳しくは子島ら（2010）を参照）。ネパールでの経験を，自分事として日本で文脈化するわけだが，そのことはまた，ネパールと日本をつなげる活動ともなっている。残念ながら，あまり人は集まらなかったが，このイベントは新聞に掲載された。小さな一歩は踏み出せたといってよいだろう。このような一連の経験をネパール訪問の報告書

10

や各自の卒業論文としてまとめ，この年のゼミ研修にピリオドを打ったのである。

ふりかえりの技法はきわめて多様であり，多くの可能性を秘めている。と同時に，同じ場所を訪問して，同じようにやってもうまくいくとは限らない。3回目のネパール訪問（2016年3月）では，大地震からの復興が1年たってもまったくといっていいほど進んでいない厳しい状況を見せつけられることとなった。この訪問に先立ち，参加学生はネパール復興支援の活動をつづけていた。そんな彼らが，協力して震災から立ち直ろうとする姿をネパールの人々に期待していたとしても，責めることはできないだろう。しかしながら，学生たちが目にしたのは，復興のための物資が運び込まれるべき時期に，一部の人の実力行使によって国境が封鎖され，さらなる経済的混乱が生じている様子だった。さすがにこの状況は，心情的に受け入れ難いものであった。毎日のふりかえりもなかなかうまく進まず，帰国後にさらなる支援活動をするという話が持ち上がることもなかったのである[4]。

3-3　教員と職員の連携

2010年度の研究大会（早稲田大学）では，教職協働をテーマとした（大学教育における「海外体験学習」研究会，2011b）。海外体験学習において，職員の果たす役割は大きい。JOELNの運営委員会にも，複数の大学職員が参加している。

より効果的な学びの仕組みを実現していくには，主体である学生はもちろんのこと，学生を導き，支える教員および職員双方の貢献が求められる。既存の科目を中心とした大学教育の枠に，海外体験学習の仕組みは収まりにくい。新しいプログラム実現のためには，誰かがイニシアティブをとる必要があるが，個人的に始めた教員が孤立し，大学のなかで支援を得られない場合がある。JOELNでも，そのような厳しい現実について，しばしば耳にしてきた。その一方で，教員もしくは職員が始めた取り組みが周囲を巻き込み，教職協働を実現していく場合もある。

教員個人の熱意で動かしていたプログラムを，公式に大学のプログラムとして制度化するメリットは，プログラム運営の効率化，業務の認知や危機管理など少なくない。その際には，通常の授業以上に，担当教員やコーディネーター，また関わる職員が有機的につながり，柔軟な関わりを学生との間に確保することが重要となる。プログラ

---

4) 2017年4月になってから，ネパールを訪問した学生から，「もう一度ネパールの状況を確かめたい」という声があがった。新メンバーも加わって，ネパール復興支援を継続するNGOの事務所を訪問し，現状について学んでいるところである。2018年3月にネパール再訪を予定しているが，学びの形が一様ではないことを筆者も改めて知ることとなった。

ムが制度的に整備された後，「慣習的に実施する」という惰性に流れる危険をさけ，制度と有機的な関わりの両面をバランスよく活かしていくことが，プログラムの発展にとって不可欠となる。以上の議論は，本書の第7章に結実することとなった。

3-4　学生の声

大学教育における「海外体験学習」の主役は，もちろん学生である。JOELN のメンバーは，「学生たちが訪問先の複雑な現実を深く理解し，自らの課題へと内在化していくことを目指し，教職員の役割はそのサポートにある」と考えてきた。

年次大会でも，繰り返し学生セッションを設けてきた。2010 年の分科会の一つは，「海外ボランティア経験学生によるワークショップ「経験・学びの活かし方」」であった（大学教育における「海外体験学習」研究会，2011b）。この分科会は，慶應義塾大学 4 年の稲垣伴憲氏と早稲田大学 4 年の金子尚矢氏が，コーディネーターとして組織した。現地で気づいたことや，今後どうしていきたいかについて，学生間で率直な意見交換が行われた。帰国後の気づきや方向性として，「日本についてより深く知ることが，比較の軸を作ることになる」「さまざまな分野での日本の経験を知ることが重要。それが将来のアクションにもつながっていく」といった意見が多く表明された。

稲垣氏と金子氏は，報告を次のようにしめくくっている。

> 行動は意識が強くなって初めて起こせるものです。その点で今回グループとなって他の人と自分の経験を共有しながら，「ふりかえり」という作業を行ったことは少なからず意味があったと思います。同時に，参加者にとって，自分の思考を刺激し，自分を新たな行動へと促し，また自分の行動を後押ししてくれるような「仲間」と出会えたことも，今回のセッションの大切な点だったように思います。

この言葉からは，学生たちが，海外での体験学習と日本国内でのプログラムの往復が持つ意味を示唆していることに気づかされる。2011 年の大会（福岡女子大学）では「学生が語る，「海外体験学習」とその後」をテーマとし，早稲田大学，お茶の水女子大学，福岡女子大学の学生たちが，海外での気づきをもとに日本で行った活動について報告した。お茶の水女子大学の学生はタイ農村を訪れた後に，自分たちが日本の農村について何も知らないことに気づき，福島県の農村を訪れた。一方，

福岡女子大学の学生はオーストラリアでの研修で培った自発性を，大学寮の運営に生かした。そして，早稲田大学の学生は，ボルネオでのボランティア活動から，被災地での支援活動へと向かった。

ホスト校であった福岡女子大学の学生 19 名（国内外での体験学習プログラムに参加）が学生実行委員会を組織し，事前準備から，受付，撮影，会場誘導にいたる当日の運営を行ったことも「海外体験学習とその後」の一例として，ここに記しておきたい。

3-5 海外体験学習の意義とラーニングアウトカム（学習成果）

2007，2008 年の大会では，海外体験学習の意義とラーニングアウトカムについて，中央教育審議会が提言した学士力とも関連させつつ，突っ込んだ議論がなされた（学士力とは，大学卒業時に習得すべき能力である。「知識・理解」「汎用的技能」「態度・志向性」および「統合的な学習経験と創造的思考力」の 4 分野 13 項目から構成される）。

まず前段の議論として，2007 年，川島啓二氏（国立教育政策研究所）が「大学教育における体験的な学習とその評価」と題して報告している（大学教育における「海外体験学習」研究会，2008）。その際，現代社会を構成する「市民」としての公教育という大きな文脈において，海外体験学習の有効性を発信するよう川島氏は訴えている。多くの教員は自らの専門性（ディシプリン）によって大学に就職する。しかしながら，今必要とされているのは，汎用的能力や市民としての責任ある態度を培う教育である。

グローバル化が進み，環境，食糧，経済，金融などの分野において，私たちは逃れ難い相互依存のなかで生きている。大学教育が公共的価値を志向しなければならないゆえんであり，海外体験学習を通して，この相互依存への気づきを学生に促すことができるだろう。とはいえ，その検証・評価は難しい。海外体験学習が効果的に育成できる能力を明示し，その能力獲得を適切に評価する手法を開発しなければならない。試みられている手法としては，レポートや授業のふりかえり，自己診断や自己評価（ピア評価），そしてポートフォリオがある。それらを活用しつつ，大学教育の正当な一部として，ラーニングアウトカムの一翼を担っているのだと認知してもらう努力が必要になってくると川島氏は指摘する（本書の第 2，3 章を参照）。

この問題意識は，翌 2008 年に引き継がれる（大学教育における「海外体験学習」研究会，2009）。田中義信氏（大阪女学院大学）の基調講演からみていこう。

大学教育のユニバーサル化という状況で，体験的な手法を用いた学習がクローズアップされてきた。それは，学びの意味を取り戻すのに，「身体性」や「経験」の有効性が認められてきたからである。海外体験学習においては，さまざまな問題を抱えた現場が教室であり，そこで自らの立ち位置を問われ，揺さぶられ，混乱する経験をする。課題との取り組みのなかで，自分と社会との関わり，他者との関係に気づいていく。この点にこそ，海外体験学習の特色がある。

大学教育のユニバーサル化という状況では，ラーニングアウトカムも問われている。「何を教えるか」ではなく，学生が「どんな力を身につけるのか」。一方的な知識の伝達ではなく，学生自身が体験を経て，目覚めていくことを重視したいと田中氏は述べている。学士力の重要なポイントとして，「新しい課題に直面した時に，自分で問題を解決していく力をつける」がある。この力は，既存の知識を机上で学ぶだけでは得られない。求められているのは生活世界との結びつきであり，身体性と結びついた学びの経験を通して，学びの意味を取りもどすことである。

この点を，磯久晴氏（桃山学院大学）は，次のように表現している。学士力の議論は「基礎学力不足」と裏表の関係にある。入学してくる学生をみていて，学生たちが自尊意識を失ってしまっていることに気づかされる。自分に可能性があることを信じていない。学んだら成長できるというイメージをもっていない（コラム④参照）。

このような状況にあっては，自分で学んでいく力を身につけることが求められる。桃山学院大学の海外体験学習は「自己主導型学習」となっている。学生が自分で課題を設定し（自ら設定した課題によって拘束される），試行錯誤しながら答えを見つけていく。海外体験学習のよいところは，「誰かが何かを教えてくれる」という環境から離れていることである。そして，「非日常的な体験」のなかで，感情・情緒的な側面も重要視される。自分が抱いた感情について話し合うことが，実は学習対象ときちんと向き合う契機をもたらす。

具体的には，マザーテレサのところへボランティアに行って，「ヒンディー語であいさつする」でもよいし，「病気の人の手に触れる」でもよい。それらの課題に答えを見つけていく過程で，ふりかえりが重要となる。

この課題に応えるための「ふりかえり」では，3C（明確化 clarification，対峙 confrontation，支持 care）という技法を活用することとなる。まず，教員は報告する学生に対して「それでは何が言いたいのか通じない」「本当にそんなことを感じているのか」と指摘する。この過程において，問題は解決に向かうのではなく，むしろ問題の複雑さがよりはっきりとみえてくる。試行錯誤の度合いは高まるが，そ

14

のなかで互いに助けあい，励ましあって，ラーニング・コミュニティが形成されていく。自らの行動を，現場での体験を共有する仲間たちに支えられながら言語化し，答えを見つけていくのである。

4 本書の構成

本書収録の論文は，以上のような長年にわたる議論の一つの到達点として提示されている。

第1部「事例編」は5章からなる。具体的な事例に基づきながら，海外体験学習が成立するための重要な要素を取り上げている。第1章「海外スタディツアーにおける授業づくり―アクティブラーニングにおける「関与」を中心に」（箕曲在弘）では，海外体験学習の「つくり方」を取り上げている。交流やフィールドワーク，見学など事前・事後を含めた現地学習において，「深い関与」を導く仕掛けを作ることこそが，効果的な学習効果を生み出すという立場にたち，具体的なプログラムを考察している。

海外体験学習は，それがどんなに優れたプログラムであったとして，「非日常」の体験である。第2章「海外スタディツアーにおけるルーブリックの作成と活用」（藤原孝章）では，「行ってよかった」という感動体験を，より質的に高めるための「しかけ」についてとりあげている。具体的には，学びの契機を意識化する「ふりかえり」とその評価規準（ルーブリック）について論じている。

上述の学びは，現地の人々との関わりや自己の学びの変容をもたらし，継続的な学びへとつながっていく。第3章「海外体験学習における学びの変容と市民性」（中山京子・東優也）では，学びにおける変容を，文字通り目に見える形とする「コラージュ」を取り上げている。ユニークな活動であると同時に，さまざまな形の海外体験学習に組み込むことのできる汎用性を有している。後半では，変容のプロセス，すなわち研修参加者に与える影響を，微視的な観点から述べている。

第4章「NGO（NICE）による国際ワークキャンプ―状況学習の観点から」（山口紗矢佳）では，国際ワークキャンプに特化したNGOが，参加者の学びを引き出す文脈づくりを開示する。そして，J・レイヴとE・ウェンガーの「正統的周辺参加」の概念を応用して，ワークキャンプにおける参加学生の変容を分析している。先にも述べたように，海外体験学習におけるNGOと大学の連携は，今後ますます増加していくだろう。本論文からは，大学側がNGOの方法論から学ぶ点が多々あるこ

とがうかがえる。

　引率者であれば，参加者の体調不良や急病，盗難や事故から，テロや災害にいたるまで，大小さまざまなリスクをいかに意識化し，共有化するかに頭を悩ませていることだろう。しかし実際には，危機を「管理」しようとするとき，教員から学生へと「必要な情報」が一方通行で教えこまれてきたのではないだろうか。しかし，危機とは，そもそも「管理」できるものではないはずである。第5章「海外体験学習におけるリスクの共有化と課題」（齋藤百合子）は，「リスク・コミュニケーション」という概念を導入することで学生の「当事者意識」を高め，結果としてリスクを低減する手法を論じている。

　第2部「マネージメントと評価」は，4章からなっている。第6章「大学教育における海外体験学習が受入側に与える影響―カンボジアの事例から」（岡島克樹）は，日本で作られるプログラムが，NGOやコミュニティなど「現地の受け入れ側」に与える影響を論じている。きわめて重要ではあるが，これまではほぼ見過ごされてきた問題である（先行研究として，恵泉女学園大学（2007）を参照のこと）。プログラムが受け入れ先に与える正負両面の影響，また非対称な関係を是正するための取り組みについてなど多角的な検討を加えている。

　第7章「プログラムの制度化と学びを支える職員の参画」（黒沼敦子・大川貴史）は，大学内における制度化に光を当てた事例研究である。海外体験学習を全学的に担当する国際交流センターなどの組織構築や職員の参画のダイナミズムを，職員の視点から詳細に記述している。その上で，海外体験学習プログラムを「組織」として実施する場合のメリットと課題について，現場の目線から考察している点に，本論文の特徴が出ている。

　第8章「海外渡航時のリスク管理―学内体制の把握と検証」（敦賀和外・本庄かおり・安藤由香里・小河久志・辻田歩・大橋一友）は，大阪大学グローバルコラボレーションセンターが行った「学生海外渡航時のリスク管理（予防・対策）に関する研究」（科研費）を基にしている。383プログラム（152校）から得た回答をもとに，大学における学生海外渡航時のリスク管理について論じているが，これは日本で初めて実施された全国調査の成果である。本論文によって，日本の大学におけるリスク管理の全体像の把握が可能となった。分析の結果，各プログラムのリスク管理体制は徐々に整いつつあるが，それらが実際に機能するかどうかは不安が残る状態であることがわかった。

　第9章「海外留学とキャリア形成―期間別でみる海外留学のインパクト」（新見

有紀子・岡本能里子）は，長期の留学について，キャリア形成の視点から論じる。
ライフステージの長いスパンにおける効果を正面から取り上げた論文であり，これ
までの JOELN の研究では最も手薄だった部分である。先述の横田グループによっ
て収集された 4000 件超のデータをもとに，本書にも量的な分析を加えることがで
きた。なお，第 9 章には補足資料として，質問紙調査を活用した質的調査が付随し
ている。企業，教育職および大学院在籍者を対象として，海外体験学習とキャリア
形成についての回答を紹介している。

　さらに本書には，6 本のコラムが収録されている。このうち四つのコラムは，草
創期から海外体験学習研究会を支えたメンバーの手によるものである（田中義信，
大橋正明，村上むつ子）。創設時＝原点の熱気を伝える内容となっている。残りの
二つのうち，一つは国際ワークキャンプを実施する NGO（CFF）が分析した「ふつ
うの青年＝海外体験学習に参加する学生」の特徴である（石井丈士）。彼ら彼女たち
の多くが，自身の内面に課題を抱えていることが示されている。第 4 章と併せて読
むとき，このような「ふつうの青年」たちがプログラムに参加することで，どのよ
うに変わっていくのかを知ることができるだろう。最後の一つは，ラオスへのスタ
ディツアー（第 1 章）に参加した学生のエッセーである（千本梨紗子）。海外体験学
習がもたらす成果の一端を示す内容となっている。

5　海外体験学習がめざすもの

　それでは最後に，海外体験学習がめざすべき今後の方向性を考えてみたい。すで
に述べたとおり，一方的な知識の伝達ではなく，学生自身が体験を経て目覚めてい
くこと，そして「新しい課題に直面した時に，自分で問題を解決していく力」を養
っていくことを，海外体験学習では重視している。そのような汎用的能力に加えて，
グローバル化が進むなかでの異文化間の相互依存を理解し，市民として責任ある態
度を培うことの重要性も確認した。

　海外体験学習とほぼ同時期に脚光を浴びたスローガンに「グローバル人材の育
成」がある。海外体験学習がめざすべき方向性を，このスローガンに関する批判的
検討を参照しながら，さらに敷衍してみよう。

　加藤は，留学経験者の調査から「自分探し移民」「グローバル人材」そして「グロ
ーバル市民」という人間像を提示している（加藤, 2016）。この議論で興味深いのは，
日本の経済的な国際競争力の再構築をめざす文脈で立ち現われてきた「グローバル

人材育成」というスローガンが，結局のところ高学歴層で大企業勤務の（往々にして）男性に向けられているという指摘である。グローバル人材は国家・男性・大企業中心主義的な言説であり，きわめて高い「国内性」（国際性ではない）をもつというのである。

　それでも，多くの日本企業がその獲得について真剣に検討しているならば，グローバル人材育成は大学教育における柱の一つとなるかもしれない。しかしながら，外資系企業の観点とは異なり，多くの日本企業は，グローバル人材に対してさほど高い需要をもっているわけではない。一握りのグローバル人材育成に突き進む大学は，今一度立ち止まって再考すべきという指摘もある（吉田，2015）。

　一方，日本人の若い世代のなかには，「本当にやりたいこと」を自省した結果，「海外に住む・働く」に行き当たった者も少なからず存在する。大企業で働いているかどうかはもちろんのこと，日本に戻ってくるかどうかも定かではない人々であるが，今いる場所をよりよい場所にする「グローバル市民」となる可能性をもっている。それが結果として，日本と外をつなぐことになるはずだが，そのような海外経験がある何十万という若者たちを，日本社会は十分に活用してこなかったと加藤は批判している（加藤，2016）。

　筆者たちは，加藤が指摘する日本人の若い世代のほかにも，「グローバル市民」は日本各地に存在すると考えている。それは，たとえば，東日本大震災の際に福島県での支援活動を長期継続した中古車販売業者のパキスタン人男性であり（子島，2014），新潟県の農家に外国人として嫁ぎ，子育てや義理の親の介護をしながら，時に地域の閉鎖的な慣行に変革をうながすタイ人女性である（武田，2011）。彼ら彼女たちは，自分の国を飛び出して，新天地での生活にチャレンジし，人生を切り開いてきた。まさに「新しい課題に直面した時に，自分で問題を解決していく力」をもっている存在である。そして，グローバル化が進むなかでの相互依存を理解し，市民として責任ある態度も示している（私たちは，彼ら／彼女たちのような外国人を「グローバル人材」と呼ぶことなど，まったく思いつきもしなかったのだが，この言葉の成り立ちからすれば，それは当然のことであったのだ）。

　海外体験学習は，異文化での体験を原動力とし，「異なる文化をもつ人々の生活のありように対して，同じ高さの目線で向かい合うこと」を大切にしてきた。そして近年，異文化の理解が自文化のさらなる理解を促し，海外での学びと日本国内でのプログラムの往復が，参加する学生たちに意味をもち始めていることも指摘したとおりである。そうであれば，国内における「マージナルな存在」に光を当て，ロー

ルモデルとしての可能性を探ることもまた，海外体験学習における必然ではないだろうか。そのような「逆説」は，過去の成功物語に固執する日本社会を変革し，真に「外向き」なものへと変容させていく契機ともなりうるだろう。

　繰り返しになるが，社会活動への参加や社会性，グローバルな市民性の涵養については，アクティブラーニングを組み込んだ海外体験学習が強みとするところである。「グローバル市民」を育成するとともに，日本においてその「先達」を発見していくことは，海外体験学習の原点に立ち戻り，その意義を再確認することになるだろう。

【引用・参考文献】

芦沢真五（2013）．「日本の学生国際交流政策─戦略的留学生リクルートとグローバル人材育成」横田雅弘・小林　明［編］『大学の国際化と日本人学生の国際志向性』学文社，pp.13–38.

加藤恵津子（2016）．「「グローバル市民」のスヽメ─帰国者も，移民も，移動者も」加藤恵津子・久木元真吾『グローバル人材とは誰か─若者の海外経験の意味を問う』青弓社，pp.217–310.

恵泉女学園大学［編］（2007）．『海外における体験学習の実態基礎調査　報告書』恵泉女学園大学〈http://www.keisen.ac.jp/about/activity/gp/study/pdf/investigation.pdf（最終閲覧日：2017 年 6 月 28 日）〉

恵泉女学園大学人間社会学部（2007）．『大学教育における海外体験学習の可能性と課題─危機管理事例を中心に』恵泉女学園大学〈http://www.keisen.ac.jp/about/activity/gp/study/pdf/riskmanagement.pdf（最終閲覧日：2017 年 6 月 28 日）〉

大学教育における「海外体験学習」研究会（2005）．『大学教育における「海外体験学習」研究会 2004 報告書』大学教育における「海外体験学習」研究会

大学教育における「海外体験学習」研究会（2007）．『大学教育における「海外体験学習」研究会 2006 年次報告集』大学教育における「海外体験学習」研究会

大学教育における「海外体験学習」研究会（2008）．『大学教育における「海外体験学習」研究会年次報告書（2007 年度）』大学教育における「海外体験学習」研究会

大学教育における「海外体験学習」研究会（2009）．『大学教育における「海外体験学習」研究会年次報告書（2008 年度）』大学教育における「海外体験学習」研究会

大学教育における「海外体験学習」研究会（2011a）．『大学教育における「海外体験学習」研究会年次報告集（2009 年度）』大学教育における「海外体験学習」研究会

大学教育における「海外体験学習」研究会（2011b）．『大学教育における「海外体験学習」研究会年次報告集（2010 年度）』大学教育における「海外体験学習」研究会

武田里子（2011）．『ムラの国際結婚再考─結婚移住女性と農村の社会変容』めこん

子島　進（2014）．『ムスリムNGO─信仰と社会奉仕活動』山川出版社

子島　進・五十嵐理奈・小早川裕子［編］（2010）．『館林発フェアトレード―地域から発信する国際協力』上毛新聞社

子島　進・岡島克樹（2015）．「海外体験学習の多様性と可能性―これまでの10年・これからの10年」『国際地域学研究』*18*, 65–76.

横田雅弘（2015）．「グローバル人材育成と留学の長期的なインパクトに関する調査」（科学研究費補助金（基盤研究（A）課題番号：25245078）サマリーリポート〈http://recsie.or.jp/wp-content/uploads/2016/04/summary-report20151230.pdf（最終閲覧日：2016年9月5日）〉）

吉田　文（2015）．「グローバル人材の育成をめぐる企業と大学のギャップ―伝統への固執か，グローバル化への適応過程か」五十嵐泰正・明石純一［編］『「グローバル人材」をめぐる政策と現実』明石書店．pp.206–221.

和栗百恵（2010）．「「ふりかえり」と学習―大学教育におけるふりかえり支援のために」『国立教育政策研究所紀要』*139*, 85–100.

和栗百恵（2015）．「サービス・ラーニングとリフレクション―目的と手段の再検討のために」『ボランティア学研究』*15*, 37–51.

和栗百恵（2016）．「世界の大学教育における「体験の言語化」の意義―「育成されるべき資質・能力」の観点から」早稲田大学平山郁夫記念ボランティアセンター［編］『体験の言語化』成文堂．pp.64–91.

◆コラム①：JOELN 発足当時のこと

　大学における「海外体験学習」は，JOELN 発足当時（2004年），さまざまな名称や形態で取り組まれていた。たとえば，フィールドスタディ，フィールドワーク，サービスラーニング，ワークキャンプなど。これらの事例はいくつかの特徴からなっていた。その一つは，取り上げる国，訪問する相手国はほとんどアジアの国々で，テーマは，これらの国々が抱える教育や医療，環境，人権など，総じて貧困や開発の問題に深く関わるものであった。いまでいう「国連 SDGs」が掲げるテーマである。

　特徴のもう一つは，学習目標を達成するために学生を現場に送り出すが，当時としては教育課程に組み込まれた取り組みというよりは，関心をもった教員主導による活動という色彩が強かった。たとえ単位は認められても学内の市民権は希薄で，教員は苦戦の連続だった。「好き者」のプログラムだと言われながら，しかし志はたいへん強く，若き日の自らの体験を学生たちに求めた教員が多かった，と記憶している。

　私自身もその一人だった。活動は国外ではなかったけれど，学生当時は「エネルギー革命」と呼ばれる凶暴な合理化政策によって中小のヤマが次々と潰された九州・筑豊の炭住街がフィールドであった。上野英信『追われゆく坑夫たち』（1960，岩波書店）が貴重な教材だった。昼間はこどもたちとの活動に明け暮れ，夜は，親たちが経験した地底での労働現場の話に耳を傾けた。朝鮮半島から強制的に連れてこられた元坑夫は，炭塵爆発で片足を失っていた。草ひとつ生えないボタ山が日本の近代化の不毛を不気味に物語っていたのが蘇る。

　私にはこの「筑豊」の向こうに「アジア」があった。

　筆を元に戻そう。

　上記の体験学習のねらいを大別すると，およそ五つに類型化できた。

　　(1) 建学の理念に導かれた教育実践
　　(2) グローバル化社会を批判的に検証するもの
　　(3) 太平洋戦争を経た日本とアジア諸国との新しい関係構築を願うもの
　　(4) 異文化体験を通して自己理解，相互理解を深めるもの
　　(5) 海外インターンシップをめざすもの　　　　（以上は伊藤高章氏による）

　いうまでもなく体験学習の特色の一つは「現場」，つまり問題・課題を抱えた現場が教室だということ。この現場から自分が問われる，ゆり動かされる，時には立ち往生する。そして，これらの経験を通して「みえた」という実感を得る。自分がみえた，自分がいる場所がみえた，自分を包んでいる世界がみえた，そこ

コラム　*21*

に自分がいるということがみえた。そういう「みえた」という経験を獲得する機会だ，という認識が強くあった。

　フィールドに立って世界を知り，自分を知り，自分の位置と課題を発見する。そうしたなかからさらに世界の，見えない他者にも心を砕くことができる力が，体験した一人ひとりのなかから立ち上がってくることが期待された。

　このような体験的手法を用いた学習が大きく取り上げられるようになってきた背景には，裏返して考えると，現代日本における教育の営みが臨界に達しているという認識が働いていたのではないか。たとえば，生活世界との結びつきを欠いた情報の受動的学習，言い換えれば，社会的，世界的，歴史的な文脈を欠いた情報の受動的学習。それは，フレイレのいう「銀行型教育」の破綻とも符合している。また，何よりも大きな要因として「学びの意味」の喪失感ではなかっただろうか。

　このような問題意識をもちながら，研究会は大きく次の三つの課題をもって進められた。

　　(1) 教育課程に関する課題：海外体験学習の目標，プログラム構成，教育効果（学習成果），それらの評価システム
　　(2) プログラム運営上の課題：ふりかえりと事後学習のあり方，ステークホルダーとのかかわり，さらには危機管理，安全対策，事故発生時の対応など
　　(3) 制度上の課題：学内における組織的，また教育課程上の位置づけ

　ふりかえって，この研究会はもともと「体験学習」なる定義や理論，方法論があり，それに基づいて研究会を始めるといった出発では決してなかった。むしろ個々の授業実践から一定の共通テーマを探り出し，そこから理論，方法を導き出す，体系化するという極めて初期的な試みであったといえるだろう。

　その後，体験的学習が主流化，制度化していくなかで，個人の人間形成，その契機としての捉え方が薄められていったように感じている。大学教育の機能的側面や，「人材」の国際通用性，国際競争力を重視した理解，捉え方へと大勢はシフトしているが，JOELN にはこれからも原点を見据えて活動を拡げていくことを期待したい。

（田中義信）

【引用・参考文献】
市村尚久・早川　操・松浦良充・広石英記［編］（2003）．『経験の意味世界をひらく―教育にとって経験とは何か』東信堂

◆コラム②：海外体験学習における多様性

　私は大学教員になる前，7年間「シャプラニール＝市民による海外協力の会」という国際協力NGOに身を置いていた。バングラデシュに駐在していたときは，ベンガル語を習い，カレーを手で食べ，トイレの際には水でお尻を拭いていた。ベンガル人あるいはバングラデシュ人を「先生」として，その行動様式や価値観について学ぶなかで，先進国が途上国に「手を差し伸べる」のではなく，人として互いの違いを認めながら，生きていくことの重要性を体得していった。

　このようなバックグラウンドをもつ私が，恵泉女学園大学の教員として海外体験学習を赴任直後の1993年から始めたとき，最重要テーマとしたのが「異文化理解」だった。より具体的には，「南アジアの人々の生活のありように対して，同じ高さの目線で向かい合うこと」を大切にしたのである。

　異文化理解をより身近なものとするために，スタディツアーに参加する学生にはテーマを一つ選んでもらい，事前に日本でそのテーマに関して必ず比較調査をするようにした。たとえば，「八百屋には何が売っているか」「縫物はどの程度できるか」「主たる宗教は何か」「子どもの視力」といったものである。これらのテーマをもとに調査をすれば，「バングラデシュの八百屋さんには唐辛子が大量に何種類も置いてある」「縫物は圧倒的にベンガル人の方が下手」「ベンガル人の多くはムスリム（イスラーム教徒）で，ヒンドゥーもいる。どちらも信仰熱心。日本には神道や仏教徒が多いということになっているが，信仰心は希薄で現世利益が大事」「日本人の目が圧倒的に悪い」といったことがわかってくる。これらの違いは優劣をつけるような事柄ではなく，自然環境や社会のありよう，さらには価値観の違いによるものである。バングラデシュが日本に比べて遅れているという話ではない。つまり「文化や社会の多様性」を，学生には第一にわかってほしかったのである。

　食事を手で食べることに関しては，たいていの学生がクリアすることができた（もちろん，食事前の手洗いについては，口うるさく指導した）。しかし，水を使ったトイレは，多くの学生にとってはハードルが高かったようである。

　冒頭で，先進国が途上国に「手を差し伸べる」というものの見方を批判したが，開発援助業界で長年飯を食った身として，「不平等な世界の構造」を学ぶことの重要性はもちろん認識していた。しかし，3〜4ヶ月程度の短い学習期間（事前研修，スタディツアー，事後研修）では，あれもこれもというわけにはいかず，私にとっての最優先課題は「異文化理解」だったのである。

　そんな方針をもっていたので，実はサービスラーニングや学生の自己肯定感を高める他大のプログラムには正直反発していた。サービスラーニングでは，「問題を抱える外国の訪問先を，日本人の奉仕によって解決に導く」とする発想

法がいやだった。地域の課題解決に、日本国内で取り組むのならばいいだろう。押しつけられるのがいやならば、地域住民は反対の声を挙げることができるからである。しかしそれを外国で行うと、私たちがもつ圧倒的な金の力の前で、反対の声は聞こえてこなくなり、先の先進国−途上国という図式に回収されてしまう気がしたのである。

「学生の自己肯定感を高める手法」にも反発を感じていた。「プログラムに参加して自己肯定感を高められる日本人の学生はいいだろうけど、外国に行けない自己肯定感の低いバングラデシュ人はどうしたらいいの？」「そうした学生が働きかけた相手はどうなっているの？」といった問いに、誰も答えられない気がしたのである。これもまた、日本でなんとかすべきことであり、お金のある一方がお金のない他方を利用するものに思えてならなかった。

このように書くと、大学教育における「海外体験学習」研究会は、不仲の人間が集まって、けなしあっていたように思えるかもしれない。実際には、まったくそんなことはなく、異なる考え方をもつ教員や職員が議論を重ね、切磋琢磨していた。何もかもが手探りの状態だったが（だったからこそ）、混沌とした原点から建設的な議論と大きな活力が生み出されていったのである。

さて、異文化理解のスタディツアーはどんな成果を挙げたのだろうか？　恵泉にはヒンディー語やタイ語などさまざまな第二外国語のコースがあり、やる気のある学生は海外でのスタディツアーを契機に、英語以外の言語にチャレンジしていった。数人ではあるが、NGO職員となった卒業生もいる。しかし、私が「一番の成果」だと感じるのは、「普通の社会人」となった卒業生から、「この間、晩御飯を食べに行ったレストランにバングラデシュ人がいて、あの研修旅行のことをおしゃべりしたんですよ」といった報告を聞くときである。日本で暮らすアジアの人々と、上だとか下だとか言わずに、仲良く楽しくお付き合いする。それこそが、恵泉で行っていたスタディツアーが目指していたことだからである。

（大橋正明）

第1部
事例編

01 海外スタディツアーにおける授業づくり

アクティブラーニングにおける「関与」を中心に

箕曲在弘

1 海外スタディツアーにおける「深い関与」

　本章の目的は，東洋大学社会学部で実施されている海外スタディツアーの事例を
もとに，その授業づくりのあり方について考察することにある。とりわけ，アクテ
ィブラーニングの領域で議論されている「関与」の概念を使い，効果的な学習成果
を生み出すための前提となる「深い関与」をどのように実現するのかという問題に
ついて探求してみたい。

　実際，海外スタディツアーは，大学内の正規科目として実施される場合，1-2週
間程度の期間になることが多い。確かに短期間であっても参加者たちは現地で出会
うさまざまな人や環境に感動し，学習意欲を掻き立てられるだろう。だが，それは
一時的なものになりがちで，帰国後，そのモチベーションをどのように維持し，次
の学習ステップに結びつけていくのかを主体的に考えられない学生がいる。一方，
「スタディ」ツアーのはずが，観光地巡りに終始し，結局，そこで何を感じ，何を学
んだのかが自分なりに消化できずに終わってしまうこともある。こういった困難に
対し，教育の専門家はとりわけ「ふりかえり（リフレクション）」が重要であると説
くことがある。これは決して間違いではないが，本章ではその「ふりかえり」の意
義を下支えする「関与（engagement/commitment）」，とりわけ「深い関与」の必
要性について考えてみたい。

　本章では，「深い関与」を導く仕掛けを作ることこそが，効果的な学習成果を生み
出すという立場にたつ。この場合の「関与」とは，図1-1にあるとおり，「ある連続
体上で経験され，動機づけとアクティブラーニングの間の相補的な相互作用から生
み出されるプロセスとプロダクト（産物）」であるとするF・バークレーの定義に基

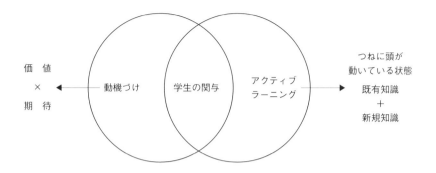

図 1-1　学生の関与のベン図モデル（出典：バークレー, 2015: 63）

づいている（バークレー, 2015: 65）。

　彼女は取り組む課題に対して価値があり，期待をしている状況において学習者は動機づけられることにより，頭が動いている状態（それを彼女はアクティブラーニングが行われている状態とする）が生まれ，それによりすでに知っている知識に新たな知識が加わることになり学習行為が成立すると考える。それがさらに課題に対する価値と期待を増幅させ，学生の関与が深まっていくと論じる。

　バークレーは，とりわけ学生に「深い関与」を促すには，以下の三つの条件が必要であるという（バークレー, 2015: 83-86）。

条件1：課題は適度にチャレンジングなものであること
すでに知っていることをやるのは新しい学習にならない。一方，不可能なほど難しいことを試みるのでは動機づけに失敗する。
条件2：コミュニティの感覚
動機づけの観点からいえば，人間の基本的欲求を満たすことになる。一方，アクティブラーニングの点からいえば，理解を協働的に構成，再構成し，構築しながら学習を励ます。
条件3：学生がホリスティックに学べるように教えること
学習には合理的思考以上のものが含まれている。論理的思考をこえて広がる学習の概念が必要。情動，認知，身体は切り離せない。

すなわち，条件1は適切な難易度の課題，条件2は人間の基本的欲求の充足と協働の母体となるコミュニティの構築，条件3は論理，情動，認知，身体といった多様な要素の結合となる。こうした条件を満たす学習の場を作ることが，学生に「深い関与」をもたらす。

確かに，バークレーの関与の条件に関する議論は，海外スタディツアーへの参加者の関与を深める上で一読に値する。だが，彼女の議論は教室のなかでの学びを第一に想定しているため，学外に広がる学習の場においてとりわけ必要となる関与の条件にそのまま当てはまるわけではない。本章では，彼女の議論を援用しつつ，海外スタディツアーという学外の学びの場において特徴的な関与の条件について，事例に即して検討してみたい。

2 「深い関与」を導くための基礎づくり

2-1 体験学習プログラムの人材育成目標

本章で取り上げる事例は，東洋大学社会学部社会文化システム学科で筆者が実践している，フェアトレードコーヒーの産地をめぐるスタディツアーである。本ツアーは2013年度より，同学科の2年生以上が受講可能な科目として実施されている[1]。

社会学や地域研究，文化人類学などを専門とする教員によって構成される同学科では，2012年度より社会文化体験科目群という選択科目を設置し，これを特色ある教育プログラムとしている（学科カリキュラム全体のなかの位置づけは図1-2を参照）。この科目群には2コースあり，ひとつが国際理解分野，もうひとつが筆者の担当するキャリア分野である。同学科では「グローバルな視野をもって地域社会に貢献する人材の育成」を教育目標に掲げており，その方法として「臨地教育」の充実を図っている。同科目群は，その基盤となる教育プログラムである。学生はこのプログラムを受講することにより，次の2種類の力を養成することが求められる。

（1）自ら問題を発見・分析し，解決する能力の養成。
（2）組織力・チーム力，コミュニケーション力の養成。

これらの人材育成目標は受け身の授業をこなしていくのではなく，自ら問いを見

1）半期ごとに2単位ずつ，年間合計4単位が与えられる。

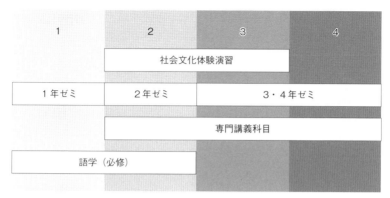

図1-2　社会文化システム学科のカリキュラム構成（概略のみ）

出し，それを探求したり，何らかの課題を解決していくための行動を起こしたりする主体性を涵養していくことを意味している[2]。

2-2　目標達成のための仕組み

　この2種類の目標を達成するために，同プログラムはプロジェクトベースの学習法を採用している。キャリア分野では，2014年度にSmile F LAOS（スマイル・エフ・ラオス）という学生主体の国際協力団体を設立し，海外渡航先であるラオス産のフェアトレードコーヒーの製造販売活動を行っている。2014年に受講生たちはラオス産コーヒーを扱う焙煎業者を訪問し，自分たちのオリジナル製品を制作した。その後，毎年，年度初めに事業計画書を書き，売上目標を設定した上で，計画にしたがって焙煎業者に希望数量を発注し，学内外で製品を販売している（コーヒー販売パート）。

　一方，この販売活動で得た収益を用いて，現地の子どもたちを支援する国際協力活動を実施している。2014年度は現地の衛生環境を改善するために小学校に簡易浄水器を設置し，2015年度は子どもたちの教育環境を改善するためにオリジナル絵本を制作し，小学校に寄贈した。これらの取り組みのテーマは，毎年，受講生自身が決め，学外のNGOや専門家に自らコンタクトをとり，知識や技術を習得するこ

2）これらの人材育成目標は，p.13に記されている磯久晴氏によるラーニングアウトカムの議論や，p.17やp.45で言及されている「グローバル市民」の概念にも通じるものがある。

30

とで目標を達成している（国際協力パート）。

　同プログラムでは2年連続受講を推奨しており，国内活動において2年目受講生は1年目受講生をまとめる一方，1年目受講生は2年目受講生とひとつの活動にともに取り組みながら彼ら／彼女らの姿をみることで，自分たちが翌年度，「先輩」になった時に何をすべきかを学び取っていく[3]。つまり，国内ではサークルのように学生が主体的に取り組めるプロジェクトベースの活動を実施し，さまざまな学外の団体と関わりながら，組織力やチーム力を育成していくのである。

2-3　年間の活動のなかに位置づけられる海外スタディツアー

　この年間の活動の中核をなすのが，毎年12月に開催されるラオスにおけるスタディツアーである。つまり，同プログラムは単に短期間の海外スタディツアーを実施するだけでなく，年間の活動のなかに，海外活動を含んでいるのである。本スタディツアーは，筆者が2008年より関わり続けてきたフィールドにおいて開催されている（図1-3）。筆者は文化人類学者として，ラオス南部ボーラヴェーン高原のコーヒー生産地域においてフェアトレードの生産者に対する影響について，多方面から調査してきた[4]。その過程で，学生たちが販売する生豆の輸入元である（株）オルター・トレード・ジャパン（ATJ）というフェアトレードに携わる会社とともに，スタディツアーの受入先であるジャイ・コーヒー農民協同組合（JCFC）の再建プロジェクトを2010年から行ってきた[5]。

　滞在地はボーラヴェーン高原の中心地であるパークソン，滞在期間は10日間である。タイ経由で移動するため，それぞれ前後1日は移動日となり，現地滞在期間は正味1週間ほどとなる。参加人数の上限は，2学年合わせて20名としている。日本人学生以外に，2015年度からラオス国立大学環境科学部の学生4名も受け入れている。このほか，ラオス人通訳が4名ほど同行し，参加者は英語を使って彼らとコミュニケーションをすることになる。

　このスタディツアーも1年目受講生と2年目受講生が同時に参加するが（2回目

---

3) 授業は金曜日の5・6限連続で行われるが，基本的には5時限目は知識を吸収する時間とし，6時限目は学生たちの自主的な活動の時間としている。
4) 調査の成果については箕曲（2014）を参照してほしい。
5) ATJはフィリピンのバランゴンバナナやマスコバド糖，インドネシアのエコシュリンプなどを日本の生活協同組合に卸す貿易会社である。彼らは民衆交易という言葉を使い，南の生産者と北の消費者を結ぶ役割を担ってきた。

01 海外スタディツアーにおける授業づくり　*31*

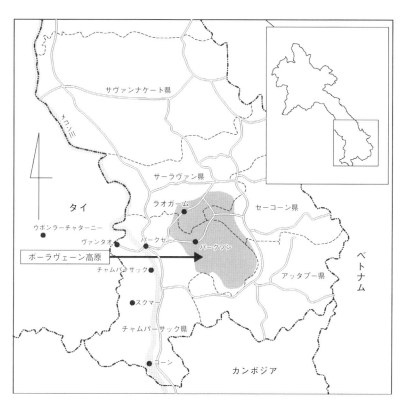

図1-3　ラオスにおける訪問先の地図（出典：箕曲, 2014: 79）

渡航者は全体の3分の1程度），それぞれ渡航中の目標は異なる。1年目受講生は，①フェアトレードの家計への影響を知るための調査，②翌年度の自分たちが主導して行うことになる国際協力活動のテーマ探し，③翌年度の渡航で実施する個人研究のテーマ探しの3点となる。

　一方，2年目受講生は，④自分たちが主導して準備してきた国際協力活動の実施，⑤個人研究のための調査の2点である。2年目受講生は，「自ら問題を発見・分析し，解決する能力」と「組織力・チーム力，コミュニケーション力」はある程度，身についた状態で主体的に活動できている。だが，1年目受講生はそうではない。以下では，1年目受講生の活動に絞り，関与を深めていく仕組みについて説明する。

32

3 「深い関与」を導くための三つの仕掛け

3-1 海外スタディツアーにおける調査活動

　本スタディツアーにおいて1年目受講生が取り組む最も重要な課題が，上記①の「フェアトレードの家計への影響を知るための調査」である。この調査は自分たちが売ってきたコーヒーの生産者は公平な対価を受け取り，生産者は持続可能な生活をおくれているのかというフェアトレードの根幹部分を知るために行われる。どのスタディツアーであっても，現地で生活する人の話を聞くという点を軽視しているものはないだろう。ただし，なかには主催者側が話し手を呼びだし，事前に準備した内容を講義するといった形で，参加者は受け身的に話を聞くことになる場合がある。もちろん，本スタディツアーでも，協同組合幹部や各村の村長などが調査の前提として知らなくてはならない基礎情報（組合や村の組織や沿革など）を講義形式で説明することはある。だが，それはあくまで基礎であり，重要な部分は渡航者自らが家庭訪問して聞き出すことを求めている。

　もっとも，このような海外調査を，受講生たちが実現するのは容易ではない。だが，以下のような三つの仕組みを導入すれば初渡航者であっても十分調査をこなせる上，調査の結果，受講生の主体的な行動を導くことができる。第一に，班構成である。班は3-4名で一つにして，それ以上は増やさない。ただその場にいるだけで何もしないフリーライダーをなくすためである。そして，各班にラオス人通訳1名とラオス人学生1名をつける。ここにラオス人学生が入ることで，日本人学生とともに同じ目標に向けて数日間，試行錯誤し，両者の絆を深める。

　第二に，教員がテーマを与え調査票に基づいて調査する。なかには学生たちの主体性を尊重するために調査項目を自分たちで考えさせるスタディツアーもあるようだ。だが，たとえ事前に国内で文献調査をしていたとしても，初めて現地を訪れる学生たちにとっては難易度が高すぎる。筆者も一度，事前に各自にテーマを決めてもらい，現地で自由に調査をさせたことがあるが，ラオスのコーヒー産地を専門のフィールドとする筆者からすると，かなりずれた質問ばかりになってしまい，それ以降は断念した。むしろ初渡航者には「フェアトレードの影響調査」というテーマを先に与え，そのテーマを検討するのに必要な情報が集められるように事前に教員側が調査項目を制作しておくべきだろう[6]。

　第三に，同じ調査を3回繰り返す。1回だけではたいていうまくいかないので，渡航者はがっかりして終えることになる。2回でもまだ十分ではない。毎晩，反省

会（ふりかえり）を開くことで，徐々に上達していき，3回目には自分たちの成長が実感でき，調査の楽しさがわかってくる。この際，各班が同じ調査票を共有していることが重要になる。なぜなら，毎晩のふりかえりのなかで参加者は自分たちの班で得た情報を他の班の結果と比較できるからだ。たとえば，ある班から「うちの班ではこういう結果になったが，そちらはどうか」といった類の質問が出る。その結果，質問を受けた班は「この点には気づいていなかったので，翌日の調査で気をつける」といった回答ができるようになる。その結果，「翌日はこの部分をできるようにしよう」といった目標を各班で立て直すようになる[7]。また，取得してきた情報を全体で共有することにより，コーヒーの買取価格の相場がある程度理解でき，聞き取りの結果が相場の範囲内かどうかを自分たちで確認することができるようになる[8]。

　引率教員は，各班の発表のなかで「ここがよかった」「ここが不十分だった」と明確に指摘する一方，「初めての経験なのだから最初はできなくて当然」と伝える。そして，事前学習や現地活動では，「成長とはできないことができるようになることだ」と繰り返し伝え，前日の調査からできるようになった点を指摘して，それを「成長」として自覚させるよう努めている。受講生はそもそも初めて異国で英語を使ってやりとりをしながら，調査を進めることになる。このため調査の難易度は高い。だが，この困難な課題に班ごとにチームで乗り越えていくという過程を経て，「できない」から「できる」に変わり，自己の成長を実感できるのである。

　一方，調査票の項目はあくまでミニマムスタンダードであり，日を追うごとに調

---

6) 本調査項目には，世帯の基本情報，農地面積，家畜の種類と数，コーヒーの品種別の売却先と売却量，単価，雇用労働者への支払額，主な支出など10項目が記載されている。これは筆者が研究上で使用しているものを簡略化したものである。この調査を通して，とりわけ国際開発や文化人類学の調査法の一端を参加者に学んでもらうことも意図している。実際の家計調査票は，「社会文化体験演習ウェブサイト」にて公開している。

7) 毎日，訪問する村，あるいは家庭を変えることが重要である。情報を得られなかったからといって翌日同じ家庭に戻れる状況を作ってしまうと，甘えが出てしまい1回の調査の緊張感が薄れてしまうためである。

8) 調査を3回繰り返す意義は他にもある。1回で終わらせる場合，家ごとの家計の多様性を理解しきれず，極端に偏った理解を植えつけてしまう。家計に関していえば，経済的に極めて貧しい家もあれば，金持ちの家もあるため，その多様性を理解しておかないと，「ラオスは意外に金持ちが多かった」とか「ラオスはモノがなくて貧しくて悲惨な生活をしている人たちが多い」という極端な認識をもってしまう。このような状況を回避するために場所を変えて複数回の調査を行う。

査に慣れてくると，聞き取り対象者のライフヒストリーまで訊けるようになる。なかには夫婦の馴れ初めを訊く班も出てきて，そこから彼らの結婚にまつわる独自の慣習について学ぶようなこともあった。このような「一歩先」の調査は，毎晩のふりかえりの際に，報告された情報と結びつける形で，筆者から「明日はこの点まで聞いてみるとよい」とアシストするようにしている。こういったアシストを何回かすると，筆者が言わなくても自分たちで質問票から一歩進んだ情報を得てくるようになる。受講生はこの結果「成長した」と認識し，喜んで筆者に自分たちが独自に得た情報を教えてくれる。まさに既有知識に新規知識が加わることで，調査活動の価値を実感し，関与が深まっていく瞬間である。

　先述の通りこの家計調査はフェアトレードの実態について深く知ることを目指している。だが，それ以上に重要なのは異文化環境において困難な課題をこなしていくことで，渡航者たちに自信をもってもらうことである。本学の学生の多くは自分に自信がなく，困難に挑戦する意欲がもてない。こういった問題は日々学生と接していて強く感じている。だが，教員側が困難に挑戦しなければならない状況を設定し，渡航者たちがめげないようにサポートすることさえできれば，学生は短期間でかなり自信をつけるのである。ここで自己効力感を高めることができれば，主体的な行動へと向かう基礎はできたことになる。

　したがって，自己効力感を高め，主体的な行動に導くことを目標にするのなら，必ずしも「家計」調査をするのにこだわらなくてもよい。本プログラムはフェアトレードをテーマにしているため，家計調査をするという流れになっているが，テーマが異なれば調査の枠組みも変化するだろう。

3-2　海外スタディツアーにおける体験活動の積極的導入

　1年目渡航者は p.31 の①‒③の目標達成のまえに，以下の2点を現地で体験しながら学ぶことになる。

(1) 自分たちが販売してきたコーヒーの輸出元組合の活動，および栽培・加工工程
(2) コーヒー生産者の日常生活

　現地に着いて最初に訪れる組合事務所では，幹部から組合の歴史と活動内容，今後のビジョンなどを話してもらう。その後，コーヒー農園を見学し，コーヒーの木

の種類の見分け方や農園に植えられているコーヒー以外の植物がもつ意味などを解説する。続いて加工工程を一つひとつ見学し，各工程の意味を説明する。このあたりは見学と講義になるため，受講生は受け身の態度をとることになる。

だが，このような見学や講義はスタディツアー全行程のうちのごく一部である。むしろ，できる限り多くの場面で，受講生が自分の手を使い，現地の人と同じ作業を行ってもらうようにしている。それはコーヒーの収穫や加工体験をはじめ，市場における食材の買い出し，生きた鶏を絞めて調理，高床式の民家で調理や宿泊など，多岐にわたる。

買う／屠る／調理する／寝る／食べる／祈る／遊ぶ／収穫する／加工する——こういった多様な体験を通じて，現地の生活のあり方を身体感覚として理解する。現地の生活道具をすべて使ってみて，その使い心地を知るだけでも，受講生は何かを感じるはずである。この体験活動は，本スタディツアーにとって欠かせない「他者理解」と「主体性の涵養」という二つの目的を同時に達成させる点で極めて重要である。

第一に，異文化環境のなかで人の話を聞くだけでなく手を動かして生活の一部を体験することは，一種のロールプレイ（役割演技）を実践することだといえる。シチズンシップ教育や体験学習の方法としてのロールプレイは，身体を通して他者の立場を理解する共感の技法として用いられる学習法である。教室内では疑似的な体験（シミュレーション）としてロールプレイが行われるが，海外スタディツアーでは実際の状況のなかに身を置くことができるため，より現実的な環境のなかでロールプレイを実践できるのである。この体験活動を通して，受講生は自分たちが売ってきたコーヒーを販売者の立場から理解するのではなく，生産者の立場にたって理解するようになるのである。

第二に，先述の通り本スタディツアーを通して育成したいのは，自ら課題を発見し，その解決に貢献できる主体的な態度を身につけた人材である。こういった態度を身につけるには，人の心を揺り動かす強い感動が必要となる。異文化環境のなかで他者の発する言葉やふるまいなどに魅了され，心を奪われることにより，予定調和的でない，驚きや発見といった感情を揺さぶる経験をする。この感動が相手のことをもっと知りたいという欲求に変わったり，社会のあり方に対する疑問を生じさせたりする[9]。

このように受講生自身が手を動かして，現地の人の生活の一端を，五感を通して経験することで，話を聞くだけではわからないさまざまなことに気づいていく。と

はいえ，この過程でふりかえりの時間を設けなくては，各自の体験が言語として定着しないまま，流れて行ってしまう。その際，筆者は以下の4点に注意して体験活動を実施するように心がけている。

第一に，体験と調査を結び付けることである。直接体験することによって理解できることと，その背景にある現地の人のものの考え方など聞き取らなくてはわからないことを組み合わせることにより，より深く現地の生活を知ることができる。たとえば，コーヒーの収穫体験では，班ごとに分かれて収穫量を競い，最も多くの量を収穫できた班を決めている。この活動の後，筆者は自分の働きがいくらの労賃に相当するかを計算するように指示している。受講生は家計調査の際に，収穫時の雇用労働者の1日あたりの労賃や仲買人や組合への1kgあたりの売却額を調べている。したがって，この数値をもとに計算してもらうことで，直接目で見ることはできない現地の労働環境を想像することができ，極めて深い理解が可能になる。

第二に，体験のなかで問いを投げかける。スタディツアー中の体験の最中に何らかの疑問をもってもらうことが受講生に期待されている。だが，体験に夢中になり，問いをもつ姿勢を忘れていたり，そもそも重要な問いを見過ごしてしまったりすることも多い[10]。その場合，教員の側から受講生に問いを投げかけることも必要になってくる。たとえば，コーヒーの収穫時に学齢期の子どもが何名か収穫労働者として働いていたことがあった。受講生たちは子どもたちと写真を撮ったりして楽しんで一緒に収穫していた。だが，受講生たちはこの子どもたちを見て，児童労働の疑いがあるとは考えていなかったようである。収穫作業後，全員が集合した際に，筆者は「なぜあそこに子どもたちがいたのか，学校に行っている時間ではないか」と受講生たちに問うた。受講生たちははっと気づいたようで，ざわつきだした。受講生たちは児童労働とは何かを簡単にではあるが知ってはいたものの，現場で必ずしもそれに気づくわけではない。ここに気づかずに通り過ぎてしまえば，せっかくの体験から重要な学びが得られないままになってしまう。これを避けるためには教員側が，そのつど，現場において受講生に問いを投げかけることを忘れてはならない[11]。

---

9) 受講生たちによる感動体験から主体的な学びへの欲求の変化の仕方については，本プログラムの活動報告書内「個人の成長の記録」〈http://on-site-education.net/cr/activity/〉を参照していただきたい。

10) なかにはふとした瞬間に鋭い問いを発する者もいる。たとえば，生きた鶏を屠り，解体する作業の最中，「日本ではだれが鶏の解体をしているのか」と問うた者がいた。このような問いが自分自身で生み出せるのであれば何も問題ない。

01　海外スタディツアーにおける授業づくり　　*37*

　第三に，体験の後に受講生は全員の前で考えたことを述べる。これは毎晩行われるふりかえりを指す。一人1分の時間を与えてその日感じたことを述べてもらうのだが，ここで受講生たちは同じ体験をしても感じ取り方は多様であることを知る。この多様な視点の理解により，自分のものの見方の特徴に自然と気づく。これこそが個性の自覚につながる。

　第四に，何もしない時間を意図的に確保する。個々の体験をふりかえる時間は，毎晩のミーティングだけに限らない。むしろ，そのミーティングで話すことを考えるためにも自由な時間を適宜入れておくべきである。たとえば，毎日村と宿舎の行き帰りには20分から1時間程度車に乗ることになる。また，昼食の前後の時間をできるだけ長くとるようにしている。この移動や昼食前後の空き時間こそ，受講生が体験を思い返し，何かを考え，それを共有する場となる。

　教員側は以上の4点に注意し，受講生たちによる現地の生活に関するロールプレイの経験から効果的に気づきを導き出せるようにしている。

3-3　海外スタディツアー渡航前の事前活動

　順番は前後するが，以上のスタディツアー中の活動において関与を深める前提として事前講義ならぬ，事前活動について触れておきたい。後期の授業では，おもにフェアトレードやラオスの歴史や文化，コーヒーの栽培から加工までの行程，家計調査の方法などを講義形式で学ぶ。全10回ほどのこれらの講義は，渡航前の「事前講義」にあたる。だが，本プログラムにおいて最も重視しているのは机上の講義ではなく，先述のコーヒーの販売活動である。

　受講生は受講当初からフェアトレードに関心があるわけでもなく，ましてやラオスの農村生活に関心があるわけでもない。そのなかで受講生たちにとっては難易度の高い調査に積極的に取り組んでもらうには，事前の準備が極めて重要である。以下では，海外スタディツアーにおける調査に積極的に取り組んでもらうための仕掛けについて紹介する。

　第一に，当該学習課題に取り組むべき必然性を受講生に実感してもらう。調査へ

---

11)　ちなみにこの件は，子どもたちと一緒に収穫していた母親に尋ねたところ，村のなかに学校がなく，学校に行きたくても行けるような環境にはないということで連れてきたようである。強制的に学校に行かせていないわけではないようなので，厳密には児童労働とはいえないかもしれない。この点も踏まえて受講生には説明してある。

の動機づけは，事前に必要な知識を享受することよりも，むしろ「なぜその調査をしなくてはならないか」という必然性を受講生たちに実感してもらうことによって実現する。本スタディツアーにおいて農家の家計を調査するのは，自分たちが売ってきたコーヒーが本当に農家のためになっているのかを知るためである。したがって，まず先に自分たちでそのコーヒーを売ってみるという体験が必要になる。

　第二に，外部の視点を活用する。学内外で販売活動を実施していく過程で，学外の方々から製品について質問を受けることになる。フェアトレードとは何か，ラオスはどのようなところか，どのような味のコーヒーなのか——受講生たちは軽い気持ちで授業に参加してくるが，実際に販売してみるとうまく説明できないことに気づく。客に対して上手に説明できなければ製品は売れない。ここで悔しい思いをする。この結果，もともとラオスという国にさほど関心がなかったとしても，コーヒーを販売している地域や人びとの生活への関心が湧いてくる。この時点で，調査への動機づけはかなり高いレベルで達成される。

　第三に，チームで活動する。受講生を製品や広報，イベント担当などの班に分け，それぞれが何らかの役割をもって活動できるようにしている。この段階でチームワークが取れるようになっているおかげで，お互いが顔見知りどころか，性格もよく知っている状態になる。この結果，海外スタディツアーの最中も，意見を言いやすい状況になり，なおかつ助け合いながら困難な課題をこなすことができるようになる。

　第四に，本格的な活動を用意する。ここでも人の心を動かす動機づけには，驚きや感動という要素が必要になる。授業で扱われる製品は生豆の発注から販売まで受講生自身がすべて実際の業者を通して行う。このため社会人との折衝を通して，受講生は緊張感や責任感をもつこととなる。この結果，目標達成が大きな感動を呼び，チームの一体感が生まれる。

　このように机上における事前講義だけでなく，コーヒー販売のような「事前活動」は極めて効果的である。もっとも，この事前活動はビジネス的要素のある販売活動に限る必要はない。むしろ海外スタディツアーのテーマにしたがって，各自決めることが重要である。たとえば，本プログラムの「国際理解分野」では以前，古着をテーマにしてマレーシアにある古着工場で現地の労働者に対する聞き取り調査を行っていた。その場合，日本では古着を回収する活動を実施してもよいだろう。どのようなものであれ，受講生自身がスタディツアー先で調査したくなるような活動を用意すべきだ。

01 海外スタディツアーにおける授業づくり 39

4 「深い関与」を導く仕組み

　調査活動・体験活動・事前活動という三つの仕掛けを導入し，それらを関連させた結果，自己効力感が増し，チームで物事に取り組む態度や積極的に学外の人たちとコミュニケーションする態度が育まれていく。同時に，受講生は知ることや学ぶことへの欲求を引き出し，探求に向けた行動や課題の解決に向けた行動をためらわない態度を身につけていく。このスタディツアーを通して最初は迷っていた参加者も，ほとんど継続受講することになる。程度の差こそあれ，これまでの受講生は2年間でこのように大きく自己意識や態度を変容させていった。

　本プログラムでは，スタディツアーの後半から帰国後の事後授業，そして2年目の活動へと至るまでに，学生の変化を確認する五つの試みを導入している。

---

(1) ツアー最終日における組合幹部に対する質問時間の導入（積極的に質問が出るか）

(2) 帰国後のフェアトレードの影響調査の結果検討時間の導入（独自の見解が示せるか）

(3) 次年度に実施する国際協力プロジェクトの立案・実施（目標達成できるか）

(4) 次年度に実施する個人研究のテーマの立案・実施（目標達成できるか）

(5) 渡航時の経験における自己意識の変化のプレゼンテーション（独自の語りができるか）

　受講生は渡航前のコーヒーの販売活動からフェアトレード生産者に対する家計調査を経て，フェアトレードの実態を理解しつつ，徐々に活動の軸足を現地社会への貢献に移していく[12]。同時に，受講生は与えられたテーマのなかで考えることから，テーマ自体を自分で設定して考えられるようになる。そして，そういった自分の変化をふりかえり，言葉にして他者に伝えることで，自己意識の変化を自覚する。これら（1）〜（5）の試みは，本プログラムの人材育成目標に到達できているかどうかを確認する役目があると同時に，受講生たちの主体的な学びに対する意欲や社会に貢献するための行動を支える役目も担っている。人は突然，主体的な行動ができるようになるわけではない。徐々に「離陸」していくという立場に立ち，渡航後から2年目の活動を経て，本プログラムを卒業することになる。

このキャリア分野の体験学習は，学ぶ意欲を引き出すためのさまざまな仕掛けを用意してあるラーニング・コミュニティだといえる。自主的な学びをどこまで進められるかという観点からこのプログラムの成果を考えるならば，たとえば受講生の卒業論文が学内の賞を受賞したり，トビタテ！留学 Japan 日本代表プログラムに採用され１年間ラオスでインターンシップに従事したりするなどといった，いくつか特筆すべき成果を残している。

では，最後に冒頭で述べた「深い関与」に戻りたい。効果的な学習成果をあげるには，その前提として「深い関与」が必要である。この場合，自ら問題を発見し，自主的に行動できる人材を育成するという教育目標を掲げていることから，そこにどれだけ至っているのかが学習成果として位置づけられる。これまでみてきたように，このような問題発見や自主性といった成果をもたらすには，授業づくりの場面において，長い時間をかけて，その状況に関与していく仕組みを構築していくことが求められる。

冒頭で示した通り，バークレーは「深い関与」を促す三つの条件を挙げている（バークレー, 2015: 83–86）。ここではこれまでみてきた調査活動や体験活動，事前活動という三つの仕掛けを踏まえて，この３点の意義をふりかえりたい。

条件１：課題は適度にチャレンジングなものであること

今回の事例でみてきた「課題」とは，家計調査を意味する。受講生にとって海外において英語で一つひとつ質問していくことは大きな挑戦である。だが，ここで述べてきた仕掛けを駆使すれば受講生の調査能力は日を追うごとに確実に上達していく。この仕掛けはスタディツアーのように教室外において集中的に学ぶ状況でなければ成立しない。毎週の授業では，調査したことをその日の夜にふりかえることすらできず，モチベーションを維持できない。さらに，担当教員である筆者が事前に調査をしているため，学生からの質問に答えられないことはほとんどなく，学生にとっては迷ったときにどうすればいいのかがその場で明確になる。したがって，家計調査という課題は，チャレンジングでありつつも，やる気を持続させられるために，受講生にとって達成困難なものというほどでもない。毎年のように，多くの学生が「家計調査を通して自分は成長した」とふりかえるのは，このことを物語っている。

---

12) 春期休暇中には，継続を決めた学生たちは情報交換をしながら，新年度にどのような活動をしていくか思いを巡らせる。新年度からのコーヒー販売のあり方を見つめなおし，現地にどのようにして利益を還元するかを考える。このあたりについて，筆者は一切，口を出さない。なぜなら，すでに受講生は自主的に目標を設定し，協力しながら目標に向かう準備はできているからだ。

条件2：コミュニティの感覚

コミュニティの感覚は、スタディツアーが始まるより前のコーヒー販売活動を通して徐々に作られる。ツアー参加の時点で参加者同士が初めて出会う状況とは異なり、本プログラムでは4月から12月の国内販売活動を通して、受講生は目標を達成するために切磋琢磨し、チームとしての一体感を生み出したうえでツアーが始まる。上記の家計調査という課題を価値あるものと認識し、高い期待をもって取り組むには、その前提として参加者たちがお互いのことをよく知り合っている必要がある。さらに、こういったコミュニティの感覚が醸成されることで、翌年度に自分たちで設定した国際協力活動の目標を遂行する上で、お互い切磋琢磨し、助け合い、脱落者を防ぐ防波堤ともなる。

条件3：学生がホリスティックに学べるように教えること

この場合のホリスティックとは、身体性から切り離された知識の詰め込みに対する批判から提起されている。この点で、スタディツアーはそのあり方そのものがホリスティックな学びに自然となる学習形態であるといえる。すなわち、ツアーの過程で得る知識は、現地での気づきや疑問、戸惑いといった感情に根差した経験に基づいて意味づけされる。たとえば、体験活動ではまさに手を動かし五感を通して他者の生活を経験することになる。ここでの気づきや疑問は机上の学習より深く強い実感をもって生み出されるものであり、感情を揺り動かされる経験である以上、主体的な学びへと転化する最初の一歩であるといえる。

このように本章で説明してきた、調査活動、体験活動、事前活動という三つの仕掛けは、それぞれ「深い関与」を導く三つの条件を満たしている。この条件を満たした三つの仕掛けを関連させながら組み込んでいくことにより、受講生たちは学習状況に深く関与していく。これはつまり、高く動機づけられつつ、頭が動いている状態——すなわち、アクティブラーニングの状態——を維持していることを意味する。この結果、受講生たちは主体的な学修活動を行えるようになる。

　本章では、東洋大学社会学部が主催するフェアトレードスタディツアーの事例を通して、学習効果の高めるための前提として学生の「深い関与」がいかに重要であるか、そして、その「深い関与」をいかにして生み出すかを論じてきた。本章を通して、筆者が伝えたいのは、授業づくりのなかで調査活動、体験活動、事前活動のような仕掛けをつくり、一連の授業の流れのなかに構築していくことによって、学生が与えられた学習状況に深く関与できるようになるということである。本章の議論が、スタディツアーを実施したいと願う方々や実施しているが何らかの困難に直面している方々に対して、何らかの示唆を与えられればと願う。

【引用・参考文献】

バークレー, E. F.（2015）.「関与の条件―大学授業への学生の関与を理解し促すということ」松下佳代・京都大学高等教育研究開発推進センター［編著］『ディープ・アクティブラーニング―大学授業を深化させるために』勁草書房, pp.58-91.

松下佳代（2015）.「ディープ・アクティブラーニングへの誘い」松下佳代・京都大学高等教育研究開発推進センター［編著］『ディープ・アクティブラーニング―大学授業を深化させるために』勁草書房, pp.1-27.

箕曲在弘（2014）.『フェアトレードの人類学―ラオス南部ボーラヴェーン高原におけるコーヒー栽培農村の生活と協同組合』めこん

◆コラム③：外国人になってみて

　以下は，第1章のフェアトレードスタディツアーに参加した学生の「成長の記録」である。渡航後1か月してから，全受講生に渡航を経て自分は何を学び，どう成長したのかを書くように伝えている——箕曲。

　ラオスから帰国する飛行機のなかで，思い出したことがあった。小学生の時にベトナムから来た男の子が転校してきたことである。海外旅行をしたことがなかった私は，海外の人，ましてや東南アジアの人とはほとんど関わったことがないと思っていたが，実は気付かないまま異文化交流をしていたのだ。彼は元々日本語が話せない状態で，1人別の教室で授業を受けていることもあった。差別を受けているということもなく毎日友達と楽しそうにしていたが，肌の色も異なり訛りのある日本語を話す彼に対して私や何人かのクラスメイトはどこか距離を置いてしまっていた。その子のことも知らず，自分とは違うと線引きをしたのだった。

　しかし私が渡航した10日間，ラオスの方々は私に対し全くそういった態度をとらなかった。むしろ私たちがわかるような英語を使い，ジェスチャーを使いながら話をしてくれて，私はその時自分が外国人なのだと実感することはほとんどなかった。そして彼らは何より私たちのことや学んでいることを理解しようとしてくれていた。それを特に感じた出来事が二つある。

　まずは3日目の家計調査である。初日の家計調査は，コーヒー農園を持つソムサック，他の班で調査を経験したカムサイ，さらに英語の話せるコーヒー農家のラーが手伝ってくれたこともあり，想像していたよりもスムーズに調査を行うことができた。しかし2回目からはコーヒー農家や協同組合について全く知らないスームが通訳となり，私の拙い英語のみでは質問がなかなか伝わらず，かなり落ち込んでしまった。一生懸命伝えてくれようとしていたスームや農家さんに申し訳ない気持ちから，次の日には挽回したいと迎えた3日目。打ち合わせをしに行くと，スームは他の通訳に調査票を持ちながら質問をし，さらにネットで検索したことや方法をメモしていたのである。その日は，私が会話に詰まると簡単な英語で例を挙げてくれたりもした。仕事としてただ通訳をするのではなく，私たちのことや勉強して内容を理解しようとしてくれている姿にとても感動し，通訳や農家の方が，私たちを受け入れ理解してくれるからこそ家計調査ができるのだと実感した。

　二つ目はラオス人学生とのささいな会話である。彼らは文化の違う外国人である私に対して，距離をとることなく会話をしてくれた。時々通じないこ

とがあったとしても，自分の身の回りについて話したり，お互いの国について話したりして，会話を続けることができた。時には日本語とラオス語を教えあうこともあった。彼らは私の英語力がないことに対し言及することは決してなく，同い年の友だちとして話してくれた。また「日本語をもっと勉強したい，そしたら私とももっと話せるのに」と言ってくれたことも印象的である。受け入れ側の学生が近づこうとしてくれる姿を見て，「私もラオス語勉強するね」と，さらに仲良くしたいという気持ちを伝えた。私たちの間を隔てる線は存在しなかった。そしてラオスの人々は本当に温かいんだと感動し，ラオスという国を好きになって帰国したのである。

　日本での外国人の扱われ方と，全く逆の体験をした私が考えたのは，もしラオスであのベトナム人の男の子と同じような扱いをされていたら，どんな気持ちになっていたのだろうかということである。相手の言語を話せないことで，見た目が違うことで，外国人という見えない線を引き，距離を置かれたら，きっとここまではラオスのことを好きにはなっていないだろう。もしかするとあの男の子は，今でもあまり日本を好きではないかもしれない。そう考えると，日本の魅力を伝えることも，ましてや彼のことを知ろうともせずに距離を置いたあの時の自分を叱りたい気持ちになった。また，ラオスの方々がもし日本に来たとして，過去の私と同じような日本人のそばで過ごしたら，日本のことを心から好きにはなってくれないのではないか。そう考えると，ラオスのことを好きにさせてくれた彼らに，私がサポートして日本のことも好きになってもらいたいという小さな野望を抱くようにもなった。

　違う国籍の人と関わりを持つ，会話をする，受け入れる。渡航前の私が難しいだろうと感じていたことに，何より必要なのは語学以前に「自分とは違う人」という線を引かないということだった。ラオスでは外国人というレッテル貼りをされず，温かく受け入れてもらえた。これからの私は，温かく受け入れ相手のことを知ろうとする日本人でありたい。外国人という立場でその国に触れるのは，いつでもきっと不安で心細い気持ちが伴うのだから。

（千本梨紗子）

02 海外スタディツアーにおける
ルーブリックの作成と活用

藤原孝章

　序章でも述べたように，昨今のグローバル教育の動向は，英語を話せて，競争社会の日本企業で有能な仕事やビジネスをこなせる「グローバル人材」の育成と，英語にこだわることなく，国境を越えて移動し，国家を超えた多文化な視野をもって，連帯，扶助のコミュニティを実感して行動できる「グローバル市民」の育成という二つのねらいが重複している。前者は政府の推進する教育政策に近いものであり，後者は，国際理解教育やシティズンシップ教育で培われてきたものである。

　国際理解教育やシティズンシップ教育のバックグランドをもち，そのような視点から海外体験学習のプログラムを作り，実施してきた筆者は，海外体験学習が目指すべきものは，後者の「グローバル市民」としての資質の獲得であると考える。グローバル市民とは「ローカルからグローバルまで，グローバリゼーションによって相互接続された多元的，重層的空間において，社会的で，公共的な課題を見つけ，問題の状況にかかわり，課題解決のあり方を探究し，解決に向けた態度や価値観を身につけ，他の人々とともに行動できる」人間であるとここでは定義しておきたい（なお，藤原，2013: 59; 藤原，2016a: 259–279; 日本国際理解教育学会，2010: 28–29; 日本国際理解教育学会，2015: 8–15 も参照）。

　序章でも述べたように，長期の留学などの強みは外国語運用能力の向上，異文化対応力や自己効能感，自己成長感であろう。逆に，海外体験学習は短期であっても，社会活動への参加や社会性，市民性の涵養については強みを発揮することができる。これは，プログラムや授業づくり，リフレクションを活用したアクティブラーニングを組み込んだ体験型学習となっているからである。

　また，海外体験学習は，経費や期間の面で「内向き志向」になりがちな若者を「外向きに」していく契機ともなるものである。

本章では，海外体験学習におけるスタディツアーの成果について，参加者の学び
の多様な評価のあり方と手立て，および，評価基準の一つとしてのルーブリックに
言及することで，学びの内実と市民性獲得の可能性を探っていきたい（なお，以下
の文章は，特に断らない限り，同志社女子大学の事例をもとに記述したものである。
また，藤原（2016b）と一部重なる部分がある）。

1 海外体験学習としてのスタディツアーの特徴と課題

1-1 スタディツアーの定義と特徴

海外スタディツアーとは，海外サービスラーニング，一部の海外インターン研
修・社会起業体験などと並ぶ海外体験学習の実施形態の一つである（表0-1（☞
p.4）参照）。しかし海外体験学習の形態の違いだけに留まるものではない。スタ
ディツアーとは何か，内容についても定義しておく必要がある。すでに筆者ら（藤原
他, 2014: 36）は，これまでのスタディツアー論をふまえて，次のように定義したこ
とがある。

> スタディツアーとは，NGO（国際交流・協力の市民団体），大学・学校，自治
> 体，宗教団体などが，組織的かつ継続的に，相互理解や体験学習を目的として
> 行うツアーであり，内容的には，観光のみならず，現地事情やNGOによる活
> 動などの学習，現地の団体や人々との双方向的な交流，参加者自らの参加，体
> 験，協力などが可能なプログラムを持ったツアーである。また，事前事後の学
> 習やふりかえり，現地で見聞し，交流し，体験するなかで得る学びの共有やふ
> りかえりがなされることによって，自己の実存的な変容とそのプロセスを伴う
> ツアーであり，それによって，他者および自他の地域への貢献・還元が生じ，
> グローバル社会の課題と展望，支え合いを生み出していく教育活動である。

以上からもわかるように，海外体験学習としてのスタディツアーの特徴は，プロ
グラム性（授業づくり），学びの獲得およびその変容（アクティブラーニングを導入
した体験学習），学びのインパクト（社会性，市民性の育成，キャリア形成への契
機），現地コミュニティとの繋がり・協働に見出すことができる。

1-2　スタディツアーにおける学びの視点

　同志社女子大学では学科がプロデュースする海外研修授業科目がある。現代社会学部現代こども学科では，海外視察・交流型（台湾，NZ）およびスタディツアー型（タイ）の「海外こども事情」（授業科目，2 単位，8 月下旬の約 10 日間）を企画し，毎年実施している。筆者の担当は後者で，2005 年を第 1 回として，以後隔年で継続実施し，2015 年で 6 回目となっている（参加者は毎回約 20 名）。

　筆者は，「海外こども事情 A」を，「問いをもった旅，学びを得る旅」，すなわち，スタディツアーとして位置づけており，体験学習をとおしたグローバルな視野の獲得，市民性の獲得を目標としてきた（藤原，2013，2016a）。

　表 2-1 に，2015 年（第 6 回）のプログラムの概要（主な訪問先と活動内容）と学びの視点を示した（藤原，2016b; 同志社女子大学，2015）。

表 2-1　主な訪問先と活動内容（2015 年，筆者作成）

訪問先・活動	課題・イシュー	学びの視点
象キャンプ，山岳民族資料センター，ドイステープ寺院	観光開発，山岳民族，ストリートチルドレン	観光：見る側・見られる側の視点
セックスワーカーの女性を支援するエンパワー財団	山岳民族，売買春，HIV/AIDS，女性のエンパワー	売買春：売る側・買う側の視点，人の移動
ISAC：持続可能な農業地域研究所	持続可能な農業，女性のための職業訓練	農業の持続性，女性の職業訓練の意義，変化
チェンマイ郊外の小学校	タイ北部の移民の子ども	タイ社会における排除と包摂，変化
チェンライ郊外の小学校，絵本の贈呈，人形劇	HIV/AIDS と子ども支援，参加型地域開発	支援する側・される側の視点，地域における学校・教師の役割
チェンライ YMCA，山岳民族の若者寮（ワカタケホーム）	保健医療活動をとおした北タイの地域開発，山岳民族の若者寮でのくらし	YMCA の活動の意義，山岳民族の排除と包摂
タイ・ミャンマー国境，国境警察署	人身売買，移民労働者，麻薬問題	経済のグローバル化とボーダーレスな人，モノの移動
バンロンサイ（日本の NGO）	エイズで親を失った子どもの支援	施設収容型支援のあり方
スラム地域（チェンマイ YMCA のこども支援）	スラム地域，児童労働，こども支援	貧困，排除と包摂，変化
オーガニック・マーケット（朝市），コーヒー栽培村	フェアトレード，コーヒー栽培	農業の持続性，公正な取引，変化
チェンマイ郊外の高校訪問	文化交流，ピアサポート	タイ社会の階層性，変化
日々のふりかえり，英語による発表	スタディツアーでの学び	学びの共有とプレゼンテーション

学びの視点の一つめは,「まなざし」である。見る側／見られる側,買う側／売る側,支援する側／される側という自他の峻別をしない視点,相互に入れ替え可能な視点の獲得である。これがなされないと単なる一過性の旅行者,ゲストになってしまって,連結性（自分や自国への視点,継続した学びの視点）を失ってしまう。

　二つめは「変化」である。2013年（第5回）のツアーから実感したのは,タイ北部にもおしよせてきたグローバリゼーションの波であり,タイ社会の急速な変化である。タイはもはや貧困国ではない。中進国（新興工業国）である。大型ショッピングセンターの出現,バイク社会から車社会へのモータリゼーションの変化,高校生にいたるまでのスマホの保持,Wi-Fi（ワイファイ）などネット環境の整備,農業人口の減少と高齢化,隣国のミャンマー,ラオス,カンボジアからの合法・非合法の外国人労働者の増加,ストリート・チルドレンなど可視的な子どもの貧困の減少,中国人観光客の増加などがそれである。変化という視点をもち,その過程で生起する課題を追究できないと,「路上で働いているこどもがいないからだめ」「スラムの家屋にテレビやバイクがあるのはおかしい」といった,ステレオタイプを裏返した偏見しか身につかなくなる。

　三つめは,タイ社会における「排除と包摂」の課題である。セックスワーカー,山岳民族,外国人労働者など人の移動（人身取引も含む）にともなう社会の多民族化による市民権や言語,民族における排除と包摂,エイズ孤児やスラム地域,貧困農村など社会における格差の拡大から生じる貧困における排除と包摂である。そして両者は重なりあうことも多い。このような社会の階層性と関係性のなかで動態的に課題を追究する視点が重要になってくる。

2 「ハネムーン効果」と体験の言語化の課題

　海外体験学習としてのスタディツアーは,語学研修でも観光でもない。現地の人々との双方向的な交流,参加者自らの参加,体験,協力,ふりかえりを伴う学びをもった旅である。それゆえに,参加者には,短期間であっても国境を越えて異なる文化にふれ,現地の人々と交流し,グローバルな課題に直に向き合う「非日常」の体験となり,「いってよかった」という「ハネムーン効果」をもたらす。

　筆者が行っている海外スタディツアーの場合でも,プログラムが終わった直後に毎回その評価（記名式アンケート）をしている。帰国便（乗り換え待ち時間）での,参加度,学び度,推薦度の自己評価を含むプログラム全体の5段階評価（選択

02　海外スタディツアーにおけるルーブリックの作成と活用　　*49*

表2-2　プログラム評価とポイント（筆者作成）
（5点満点の平均，理由記述は省略）

		2005	2007	2009	2011	2013	2015
①	事前研修	3.9	3.9	4.0	4.3	3.7	4.0
	宿泊研修	4.3	なし	4.5	4.7	なし	4.4
②	現地プログラム（個々の活動）	4.3（日程順11）	4.6（日程順12）	4.1（日程順16）	4.4（日程順25）	4.4（日程順26）	4.4（日程順26）
	宿泊先，食事	4.5	4.2	3.9	3.7	4.2	3.9
	毎日のふりかえり	記入欠	4.9	4.4	4.7	4.7	4.6
	安全度	4.4	4.3	4.7	4.4	4.3	4.8
③	現地スタッフ	5.0	5.0	5.0	5.0	5.0	5.0
	企画引率者	4.9	4.9	4.3	4.9	5.0	4.9
④ 自己評価	参加度	4.3	4.4	4.3	4.7	4.3	4.5
	学び度	4.9	5.0	4.9	5.0	4.9	4.9
	推薦度	4.9	4.9	4.8	4.9	4.8	4.9

・5段階評価（5 たいへんよい，4 よい，3 まあまあ，2 よくない，1 ほとんどよくない）
・参加者はいずれも約20名

式および選択理由の記述）である。プログラムの終了直後であり，個々のプログラムのみならず，現地スタッフ，ボランティアとの出会いや自己への評価などについて，各年度とも5点満点に近い高評価が与えられており，「すばらしかった」「人生観が変わった」といった記述もみられ，体験学習・スタディツアーの高揚感，充実感がよく示されている（表2-2）（同志社女子大学，2015）。

　しかしながら，多くの体験学習がそうであるように，現地での学びをどう語るのか（体験の言語化），どのような学びがどのようにして身についたのか（学びの契機と変容），学びがどうすれば社会化され，持続されるのか（市民性の育ち）といった課題については，まだ十分に明らかにされていない。海外学習体験としてのスタディツアーを一時的な「ハネムーン効果」で終わらせないためにも，プログラムの提供者（教員），ツアーの参加者（生徒・学生）の双方にとって，「学びの評価の機会と手立て」が必要である。

3 学びの評価の機会と手だて

　表2-3に学びの評価の機会と手だてを示した。「ハネムーン効果」と体験の言語化の課題に対して，事前学習から事後レポート・報告会まで，①から⑪の一連の流れのなかで参加者の学びとその変容，資質の獲得をみようとするものである（藤原，2016b: 25–30）。

　①は事前学習，②は現地でのパフォーマンスや活動，③は現地での毎日のふりかえりをふまえた，一人ひとりによる学んだことのウェビングとプレゼンテーション。④は，帰国便でのプログラム全体の5段階評価。プログラムの終了直後であり各年度とも5点満点に近い高評価が与えられている（表2-2 ☞ p.49）。

　⑤から⑧は，帰国後，フィールドノート（日誌）をもとに自らの学びを焦点化するために，1ヶ月以内に提出する課題である。⑤の事後レポートは，第1回目から毎回継続しているもので，⑩の『海外こども事情報告書』の中心となる。一人ひとりの質的な学びの獲得，変容の様子がみてとれる。個人差はあるが，⑪の生涯にわたる学びへのヒント，方向性を示すものともなっている。⑥の学びの履歴カードは，③をもとに自らの学びをふりかえるものである。⑥は，2011年から実施し，現代こども学科での4年間の学びの記録（ポートフォリオ）の一つとして，海外こども事情での学びのエビデンスを示すものである。⑦は，2013年（第5回）から体験の言語化，学びの変容をはかるものとして導入したものである（後述）。⑧は，序章でも

表 2-3　学びの評価の機会と手だて

①	事前学習で課題探究と発表
②	現地でのパフォーマンスや活動（状況における学び）
③	ウェビング（学んだこと）とプレゼンテーション
④	帰国便でのプログラム評価
⑤	事後レポート（3000字以上）
⑥	学びの履歴カード
⑦	学びの変容（4契機）の自己評価（ルーブリック）
⑧	大学の社会人基礎力（DWCLA10）の自己評価（ルーブリック）
⑨	学内・学外報告会
⑩	報告書（レポート），DVDの作成
⑪	生涯にわたる学び（キャリア形成と変容）

図 2-1　参加者（学生）の作成した
　　　　ウェビング（2013 年）

図 2-2　参加者（学生）のプレゼンテーション
　　　　に対する現地スタッフのコメント（2015 年）

ふれたように，2015 年（第 6 回）から大学が求める社会人基礎力との関連で導入したものである。

学びの評価の機会と手だてとして特筆すべきものは二つある。

一つめは，②の現地でのパフォーマンスと③の学んだことのウェビングの作成およびそれを使っての現地スタッフや参加者へのプレゼンテーション（英語使用）である（図 2-1，図 2-2）。これらは，アクティブ・ラーニングにおける「深い関与」として位置づけられるものである（第 1 章の箕曲論文参照）。学ぶことは「奪う」ことであり，プレゼンテーションとは「与える」ことである。こうした give & take の関係こそ，スタディツアーには必要である。

二つめは，⑦のスタディツアーにおける学びの変容と資質の獲得について，ルーブリックを作成することで測ろうとしたことである。

4　ルーブリックの定義と導入の目的

『教育評価事典』（辰野他，2006: 174）によれば，ルーブリックとは，「学習目標との関係において求められる達成事項の質的な内容を文章表現したもので，学習の達成状況レベルを評価する時，使用される評価基準」である。ルーブリックの目的は，学習目標の明確化と評価の説明性（客観性）である。ルーブリックを構築し，何のために海外に行って学ぶのか，スタディツアーの目的は何か，参加者に伸ばしてほしいスキルや能力は何か，をいくつかの項目として提示することで，参加者にとっても引率者にとっても，学びの契機と目標が明確になる。さらに，海外体験学習が，

大学の授業科目として単位化される場合，複数の教員が担当することも多く，評価方法や基準を明示しないことによって生ずる混乱やクレームなどを回避し，成績評価の客観性の担保にもなる。

4-1　学びの変容とその契機のルーブリック

スタディツアーでは，タイ北部における開発と貧困，環境と持続可能な農業，観光と売買春，児童労働，HIV/AIDS，国境，人身売買，山岳民族の問題などのトピックを取り上げている（表2-1 ☞ p.47）。これらはいずれもタイだけの問題ではなく，日本にもつながり，世界にもつながる地球的な課題である。このような社会性をもった問題を，アクション・リサーチを活用した問題の探求と解決へ向けての資質能力を育成するために，参加者の学びの変容とその契機を読みとることにした。

その際，渡辺（2001: 11-21）が示唆した，参画性，状況性，関係性，連結性という四つの契機について10個の規準を設け，〈A：規準をこえて十分に到達した，B：到達した，C：到達しなかった（できなかった）〉の3段階の評価を行えるようにした（表2-4）。その際，自己評価の理由などコメント記入欄も用意した[1]。

参画性については，「海外こども事情A」に参加する学生にとっては，志望動機や選考面接，事前学習が自らの課題の設定を可能にしている。参加学生のなかには，学内の研究会で活動している学生もいて，「絵本を贈る」「フェアトレード」「ワークショップ型学習」などのプロジェクトに参加して日常的に課題意識を深めている。現地では，こどもたちにタイ語の翻訳シールを貼った絵本を贈呈したり，タイ語での人形劇も行った。「フェアトレード」ではマーケットを訪れたり，現地のコーヒー栽培農家の人の話を聞くことができた。

状況性については，事前に調べてきたこと，本やネットで仕入れた知識が，スラムやエイズのこどもを支援する小学校区（コミュニティ），性産業に関わるNGOを訪問することで，驚きや意外性とともに変容をとげていく。それは，象キャンプで象に乗った体験でさえ，日々のふりかえりのなかで観光開発の問題であることに気づいていくことからもわかる（文脈化された知になっている）。

関係性については，参加学生には，単なるゲストやプログラムの消費者であることにとどまらず，問いをたて課題意識をもって，現地での交流や活動を働きかけ，

---

1) 参加者の自己評価の詳細については，同志社女子大学『海外こども事情Aタイ・スタディツアー報告書』（2013年版，2015年版）を参照。

02　海外スタディツアーにおけるルーブリックの作成と活用　　*53*

表 2-4　学びの変容の 4 契機に関する 10 の規準（筆者作成）

参画性	1	自分の学習課題をもち，その学習課題の解決のために自ら調べ，質問し，話し合うことができた。
状況性	2	タイにきて見聞し，活動するなかで，「えっ，どうして？」など，事前に調べてきた知識や考えていたこととちがっていて，自分のなかでジレンマや葛藤を感じることができた。
	3	タイでの活動が，「ああそういうことだったのか，こういうふうに考えるのか」という新たな発見や変化につなげることができた。
関係性	4	現地で，スタディツアー（学び合う集団）の一員としての絆を深めることができた。
	5	チェンマイ YMCA のスタッフ，現地の子どもや高校生と積極的に関わることができた。
	6	参加者との活動や現地スタッフのアドバイスを自分の学習課題の追究に役立てることができた。
連結性	7	タイで見つけた課題のなかで，タイ人にしかできないこと，タイ人と一緒にできること，に分けて考えることができた。
	8	タイで見つけた課題のなかで，自分が日本でもできることがあることを発見できた。
	9	タイで見つけた課題のなかで，タイだけではなく，日本の課題にも共通しているものがあることを発見できた。
	10	帰国後も今回の経験を活かすことができる。

そのことでお互いが変容できる契機（ex-change）を共有できるように促している。なかでも，プログラムのおわりにおける，一人ひとりによる学びの成果のプレゼンテーションは，パートナーであるチェンマイ YMCA の現地スタッフにも「動的情報」の共有の機会になっている。

　連結性は，グローバルな市民性の獲得や育ちと深く関わる。海外体験学習で学んだことが，参加学生個々のキャリア意識の形成に関わり，自己分析やアピールの材料になっていくのである。卒業研究のテーマとして，タイで学んだことが日本で追究するテーマや日本の課題にもなっていく。学内の研究会に所属している参加者は，タイで学んだことを近隣の小学校のこどもに報告したり，学びのワークショップを出前授業したり，フェアトレードの公開研究会をしたりするといった「連結した」学び，社会に参画する市民性の獲得にもなっている。

　表 2-5 に，これら学びの変容と獲得に関わる 10 の基準（到達度）について，2015年の参加者 20 名の集計を示した（藤原, 2016b: 25–30）。基準以上に到達した A，基準に達した B の合計は，連結性 7 を除きどの項目も 17 人以上（85％以上）であり，連結性 7，8 をのぞくとあとの八つの基準については，19 人以上（95％）が基準 A，B に達している。特に，A の自己評価が多かったのは，連結性 10（19 名），状況性

表 2-5 学びの変容の4契機の到達度（筆者作成）

評 価	参画性 1	状況性 2	状況性 3	関係性 4	関係性 5	関係性 6	連結性 7	連結性 8	連結性 9	連結性 10	合 計
A	16	15	17	17	13	15	6	6	13	19	137
B	3	4	2	3	7	4	10	11	6	1	51
C	1	1	1	0	0	1	3	3	1	0	11
＊							1				1

＊未記入　A：基準をこえて十分に到達した，B：到達した，C：到達しなかった（できなかった）

3，関係性4（いずれも17名），参画性1（16名）である。このような達成度の高い学びが得られた最大の要因は，現地スタッフとの密度の濃い関わり，具体的な訪問先でのフィールドワークとともに，毎日の「ふりかえり」による情報の共有，議論などが大きく貢献しているものと確信している（第1章における「深い関与」にも通じている）。

4-2　ルーブリックの構築事例と活用

事例については，「大学における海外体験学習研究会」（2015 年 12 月）において発表された大阪大谷大学，明治学院大学の事例を紹介したい（表 2-6）。

表 2-6　三つの大学の海外体験学習（筆者作成）

大 学	大阪大谷大学	明治学院大学	同志社女子大学
名 称	社会研究実習	フィールドスタディ	海外こども事情A
授 業	3単位	事前2単位，実習2単位	2単位
日 数	9月（8日間）	9月（11日間）	8月（12日間）
場 所	カンボジア（プノンペン・シエムリアップ）	タイ（バンコク，チェンライ），ミャンマー（ヤンゴン）	タイ北部，チェンマイ
人 数	10名程度	10名前後	20名
内容，プログラム	国際協力団体への訪問・レクチャー聴講，交流（子どもイベントの実施），体験（NGO施設宿泊・染色・農業）	社会問題の探究（人身取引，歴史と文化，スラム，若者の社会貢献など），交流（障がい児，若者グループ，大学生），ふりかえり	交流（小学校，施設のこども，高校生），社会問題の探究（エイズ，性産業，人身売買，貧困，持続可能な農業，観光開発など），発表，話し合い，ふりかえり
評価材料	毎日のふりかえりシート，事後レポート	旅行中のリーダーシップや貢献，事後発表，レポート	毎日のふりかえり，学びの成果発表（パフォーマンス），事後レポート
連携・協力	クメール伝統織物研究所ほか，NGO	ミャンマー YMCA，JICA，現地NGO など	チェンマイ YMCA，地元NGO

4-3 大阪大谷大学（社会研究実習）の場合

　表2-6に示したカンボジアでの海外体験学習（「社会研究実習」の一環）において，ルーブリックを使うのは，学生へのフィードバックの効果・効率の向上，プログラムの改善，現地受入先との目的意識の共有などが主な理由である。表2-4（☞ p.53）に示した藤原のルーブリックを大学の事情に合わせて，評価観点を変えて，微調整をしている。表2-7は，その一部を示したものである。かなり具体的にルーブリックが文章化されて，担当教員の評価基準を統一するための採点指針ルーブリックともなっている。このような基準から実施したプログラムをみた場合，事前学習や活動中の内

表 2-7　学びの評価基準（ルーブリック）大阪大谷大学（岡島作成）

評価観点／尺度	十分に達成した	達成した	達成できなかった
参画性			
学習課題の積極的な探究	（スタディツアー中や事後学習のなかで）学習課題を探究するために積極的に調べたり，質問・議論したりし，そこからの学びを明確に述べることができる。	（スタディツアー中や事後学習のなかで）学習課題を探究するために一定程度，調べたり，質問・議論したりしたが，そこからの学びについて明確に述べることができない。	（スタディツアー中や事後学習のなかで）学習課題を探究するために調べたり，質問・議論したりすることが十分にできなかった。
状況性			
脱文脈的な学び	事前学習で得た情報・仮説や抱いていたイメージと，現地で得た情報とのギャップを明確に表現できる。また，なぜそのようなギャップがあるのか，その理由を考え，表現することができる。	事前学習で得た情報・仮説や抱いていたイメージと，現地で得た情報とのギャップを一定程度表現できる。しかし，なぜそのようなギャップがあるのか，その理由については詳しく考えられていない。	事前学習で得た情報・仮説や抱いていたイメージと，現地で得た情報とのギャップについてしっかり言語化できず，またそのようなギャップが生じる理由について考えられない。
関係性			
学習共同体の活用	現地で出会う人々を具体的な他者として認識するとともに，その他者が抱える課題についての理解を深めるために積極的・効果的に質問などを行うことができる。	現地で出会う人々を具体的な他者として認識するとともに，その他者が抱える課題についての理解を深めるために一定の積極性をもって質問などを行うことができる。	現地で出会う人々が抱える課題について理解を深めたい，そのために積極的に質問などをしようと思うほどには，現地の人々を具体的な他者とは認識できていない（「交流ごっこ的」）。
連結性			
学びの相対化	現地社会の課題と日本の課題には，その背景・構造には共通点があることを深く理解し，その理解を分かりやすく説明できる。	現地社会の課題と日本の課題には，その背景・構造には共通点があることを一定理解し，その理解を説明できる。	現地社会の課題と日本の課題には，その背景・構造には共通点があることには理解が及ばない。

容やふりかえり，事後活動の充実などが課題として明確になったという（岡島，2015）。

同志社女子大学の場合，ルーブリックは参加者（学生）の自己評価に関わるもので，筆者はそれを単位認定に関わる成績評価の一つとしては位置づけていない。あくまで学びの変容と獲得しうる資質について参加者の自己意識をみようとするものである。しかし，大阪大谷大学の場合は，「社会研究実習」という授業科目の教員による成績評価の一つとして活用している。成績評価の客観性を担保するものとしてルーブリックを活用している。

4-4　明治学院大学（フィールドスタディ）の場合

明治学院大学のフィールドスタディでは，ルーブリックについて，プログラムのねらいやポイントの説明のしやすさや学生にとってのわかりやすさ，基準を示すことによる学生の行動の変容の促進，などといった理由から活用している。表2-8

表2-8　フィールドスタディにおけるルーブリックの基準と評定（明治学院大学） (齋藤作成)

	S（100-90）	A（89-80）	B（79-70）	C（69-60）
観察（参与観察）	観察（参与観察）し，自身のテーマとイシューの課題とを統合して考えることができる。	よく観察する。	表面的な観察。	浅い観察。
参加，コミュニケーション	リーダーシップを発揮し，チーム内またはフィールドで出会う人たちとの間でコミュニケーションを促すことができる。	積極的な参加およびコミュニケーションの発揮。	消極的な参加およびコミュニケーション。	参加およびコミュニケーション意欲が少ない。
フィールドでのマナーと態度	相手社会や相手を考慮，尊重したマナーと行動を積極的にとることができる。	相手社会や相手を考慮，尊重したマナーと行動をとることができる。	不快感を与えない，通常のマナーと行動をとることができる。	相手社会やフィールドでの相手をあまり考慮しないマナーと行動をとる。
PDCA体験学習サイクル	PDCAの体験学習サイクルで考えることができ，積極的なアクション・プランを計画できる。	PDCAの体験学習サイクルで考えることができるが，CとAがもう一歩。	PとDはできているがCとAが不十分。	PDCAのサイクルで思考していない。
フィールドスタディ事後の活動（最終レポート報告会など）	最終レポート原稿の2回以上の書き直しの上，提出。積極的な報告書作成や報告会企画のチームリーダー。	最終レポート原稿の1回以上の書き直しの上，提出。報告書作成や報告会企画。	最終レポート提出。報告書作成や報告会企画の消極的な参加。	最終レポート提出。しかし，報告書作成や報告会には不参加。

は，観察（参与観察），参加，コミュニケーション，フィールドでのマナーと態度，PDCA体験学習サイクル，フィールドスタディ事後の活動（最終レポート報告会など）という五つの項目について，S，A，B，Cの四つの基準を設定し，基準の明確化を図っている。単位認定のための成績評価の基準の明示度はかなり高い。評価項目は，同志社女子大学や大阪大谷大学に比べて，現地や事前事後の活動を項目化しているのが特徴である。ただ，レポートや提出物，態度やマナーなど，それ自体としてさらに項目化すべき内容も含んでおり，ルーブリックの内容の精査が課題となることが指摘されている（齋藤, 2015）。

　以上，海外体験学習におけるルーブリックの作成と活用には，①短期の海外体験学習の学習効果がはかりやすい，②プログラムと基準の作成が相応し，目標の明確化がはかれる，③自己評価のみならず他者評価（教員による評価）も可能である，④量的な，集団の学習効果がはかりやすい，⑤関係性や連結性の評価項目を入れることによって，市民性育成の基準作成が可能である，といった特色を取り出すことできる。

5 　生涯にわたる学習意欲と市民性の育ち

　「海外こども事情」（タイ・スタディツアー）には，毎回約20名の参加者があり，2015年現在でのべ121名を数える。参加資格は2年生以上で面接と事前作文で選考している。参加者の大半は，プログラムをプロデュースする現代こども学科の学生であるが，全学にひらかれているので，毎回少ないながらも他学科の学生も参加する。6回の参加者基本データを表2-9に示した。学年は，2，3回生が中心であるが，1年生の時から国際こども研究会DEC（学内の研究会）に所属したり，筆者の授業科目を受講して関心をもった学生も多い。オープンキャンパスや大学案内などで「海外こども事情」があることを知り，それを目的に入学してくる学生も少なからずいる（表2-9）。

　「海外こども事情」は，その「ハネムーン効果」もさることながら，帰国後の事後レポートや報告会を通して，参加者の学びの明確化，体験の言語化を促すことによって，ゼミの選択や卒業研究のテーマ，さらには就職活動や教員採用試験における自己アピールをも可能にしており，自己のキャリア形成にも有用である。ここでは紙幅の制限もあって省いているが，藤原（2013）では，表2-4（☞ p.53）の連結性とかかわる生涯にわたる学びや変容的な学習のプロセスを，これまでの参加者の事後

表 2-9　海外こども事情Ａ：参加者基本データ（2015 年）（筆者作成）

		2005	2007	2009	2011	2013	2015
実施場所		バンコク	チェンマイ	チェンマイ	チェンマイ	チェンマイ	チェンマイ
参加者数		20	19	20	20	22	20
学　年	4 年	3	1	3	0	0	1
	3 年	3	7	10	3	10	7
	2 年	12	11	7	17	12	12
学　科	GK	11	16	20	18	20	18
	GS	6	1	0	2	0	1
	その他	3	2	3	3	2	1
国際こども研究会 DEC		7	4	7	14	6	6
筆者のゼミ選択者		5	5	14	13	9	9
進　路	教　員	8	11	9	10	12	10（志望含む）
	企業など	12	9	11	10	10	10

注）GK：現代社会学部現代こども学科，GS：現代社会学部社会システム学科。筆者（藤原）のゼミ：社会科教育・国際理解教育・開発教育，「海外こども事情Ａ」の経験をより深めることが可能。国際こども研究会 DEC：同志社女子大学現代社会学部現代こども学会の下部組織で，現代こども学科 1 期生の学生が，2004 年に開発途上国のさまざまな問題を研究し，こども支援のあり方を研究する目的でつくった。

レポートの記述からとりだし，海外体験学習と卒業後の進路（キャリア）選択や市民性の育ちとの関連がみられる事例をあげているので参照されたい（第 3 章 pp.66-68 も参照）。

6　おわりに：海外体験学習としてスタディツアーの強みと弱み

　世界には，貧困や開発，多文化，人の移動など海外に出ていかないとわからない諸課題がある。スタディツアーは短期間であるが，それぞれの地域でそのような諸課題の解決に取り組んでいる人々と「課題の空間，学びの時間」を共有できるというメリットがある。そのことを通して自己の生き方を考え，社会での自己のあり方をふりかえることができるという意味で市民性の涵養にも繋がっている。まさに，グローバルとローカルの往還のなかでの自己と社会のあり方を考えさせるものである。その意味ではグローバル教育の特徴をよく示している（藤原, 2016a）。

　しかし，短期間であるがゆえに「ハネムーン効果」で終わることも多い。また，学生にしても帰国後の「日常」に埋没し，あるいは，就職後の企業（社員）や学校（教員）のなかで，学生時代の体験は「遠い情景」になるかもしれない。参加して全

02　海外スタディツアーにおけるルーブリックの作成と活用　*59*

てがよいわけではない。だからこそ，参加者が，自らの体験を言語化する作業，学びのプロセスと変容を評価する多様な手立てが必要である。本章で述べてきたようにルーブリックはその一つとして活用可能性が大きいといえる。

【引用・参考文献】

岡島克樹（2015）．「海外体験学習とルーブリック―大阪大谷大学の事例から」大学における「海外体験学習」研究会 2015 年度年次大会（於大阪大谷大学ハルカスキャンパス）口頭発表資料（2015.12.07））

齋藤百合子（2015）．「海外体験学習とルーブリック―明治学院大学国際学部，タイ，ミャンマー，カンボジアのフィールドスタディ」大学における「海外体験学習」研究会 2015 年度年次大会（於大阪大谷大学ハルカスキャンパス）口頭発表資料（2015.12.07）

辰野千壽・石田恒好・北尾倫彦（2006）．『教育評価事典』図書文化社

同志社女子大学（2015）．『海外こども事情A タイ・スタディツアー報告書』（なお，『報告書』は 2005，2007，2009，2011，2013 年版とある）

日本国際理解教育学会［編］（2010）．『グローバル時代の国際理解教育―実践と理論をつなぐ』明石書店

日本国際理解教育学会［編］（2015）．『国際理解教育ハンドブック―グローバル・シティズンシップを育む』明石書店

藤原孝章（2013）．「学士教育におけるグローバルシティズンシップの育成―「海外こども事情A」（海外体験学習）の場合」『グローバル教育』*15*, 58-74.

藤原孝章（2015）．「海外体験学習とルーブリック―資質能力の獲得と評価」大学における「海外体験学習」研究会 2015 年度年次大会（於大阪大谷大学ハルカスキャンパス）口頭発表資料（2015.12.07）

藤原孝章（2016a）．『グローバル教育の内容編成に関する研究―グローバル・シティズンシップの育成をめざして』風間書房

藤原孝章（2016b）．「海外体験学習におけるルーブリックの活用―タイ・スタディツアーにおける学びの評価」『ウェブマガジン　留学交流』*65*, 25-30.

藤原孝章他（2014）．「特集 海外研修・スタディツアーと国際理解教育」『国際理解教育』*20*, 36-74.

渡辺　恵（2001）．「国際協力市民組織（NGO）における人材育成に関する事例研究―NGO スタディ・ツアー参加者の学習プロセスの分析」『教育学研究集録』*25*, 11-21.

03 海外体験学習における
学びの変容と市民性

中山京子・東　優也

1 はじめに

　高等教育機関や社会教育機関，NGO などによってスタディツアーや海外体験学習が積極的に行われるようになり，語学研修や旅行とは異なる学びのあり方が普及してきた。そうしたなかで，内容や日程などのプログラム作りや安全管理に関する報告や情報共有が進み，参加者の声をまとめた報告書の作成やネット上での公開も進んでいる。こうした報告書の作成や発表は評価行為の意味ももつ。評価や成果の共有から，より質の高い海外体験学習が行われるようになってきた。

　一方で，参加者の学びの変容を分析したり，個人的な変容の質を市民性，もしくは地球市民育成の観点から考察したりすることは十分に行われてこなかった。報告文書はいったんまとめてしまうとそこで活動が終息してしまう上，成果は関係者の間で共有されるにとどまりがちである。個人レベルの感動体験や学びについて発表や報告書にまとめるだけでは，教育的効果はよくみえず，多様なアプローチや継続性という点が十分に評価されない。また，公開されるものは基本的に第三者に示すことを前提としているため，自己の学びのプロセスや変容をふりかえる側面は強くない。そこで，スタディツアーにおける参加者の変容や自己評価を図るために，前章において藤原によって示されたようなルーブリックの作成と活用が模索されている。ルーブリックを示すことで，参加者のふりかえりが感覚的な言葉や高揚感による満足感に終始することなく，分析的に評価をすることが可能となる。しかし，短期的な評価活動や具体的に与えられた指標によるふりかえりがスタディツアーにおける学びの変容を捉えきれているのか，また，その後の行動にどのようにツアーでの学びが生きているのかという課題も残されている。

03　海外体験学習における学びの変容と市民性　*61*

　スタディツアー後の教育効果について，乾（2013: 88）は，参加者がツアー後に積極的に行動するようになることに着目し，集団としてのまとまりや社会貢献的な行動に結びつくことに言及している。同様に，林（2010: 194）は，「現地，事後のプログラムにおいて深めた省察を，参加者がいかに行動につなげていくのか，そして行動から得た学びをいかに行動につなげていくのか」を課題としている。また，レポートや報告会という言語表現活動によって，学びの変容が言語活用能力によって左右されすぎはしないか，という課題もある。学びを再構築して表現する方法として言語に頼りすぎない方法はないだろうか。

　本章では，まず，対象地域であるグアムに関するツアー前後の認識の変容を視覚化して，メタ認知する方法としてのコラージュ作品づくりをとりあげる。次に，メジローの学習変容論を援用しながら，短期から長期にかけて，自己の変容を意識化している具体的な記述をとりあげる。ツアー後の自己のあり方を考察する事例に触れながら，地球市民としての資質・能力をのばす様子を考察する。

2　グアム・スタディツアー

　筆者らは2010年からグアムと日本をつなぐ教育実践を展開し，これまで8回のグアム・スタディツアーを実施している。単にグアム理解を深めることを目指すのではなく，グローバリズムに翻弄されるマリアナ諸島，生き抜いてきた先住民族チャモロの姿，日本との関わりをポストコロニアルの視点から追究し，学びへとつなげてきた。ポストコロニアルな視点に立つことで，被支配層の抵抗，混淆性，権利への闘争，グローバル化社会におけるシティズンシップのあり方を考えることができる。スタディツアーを通して当事者と協働的に学ぶことを通して，ツアー参加者はポストコロニアルなまなざしに接し，ときには支配する側にたつ日本とそこに属する自分に気づくことができる。

　グアムでのスタディツアーは，①外国におけるフィールドワークのたのしさを経験すること，②フィールドワークの場所に関する知識理解を深めること，③参加者や地元の人々との関わりを通して人間的な成長を促すこと，の三つを目的としている。

　まず，事例とするグアム・スタディツアーについて記す。本ツアーは，筆者が大学ゼミの課外活動として企画運営しているもので，参加者は自らの意思で参加を決め，自己負担によって参加をしている。太平洋地域，特にグアムをスタディツアー

の場とする意義は，以下の二つである。

---

(1) 歴史学習のヨーロッパ中心主義から脱却することができる
　　これまで太平洋地域は列強諸国の植民地主義の過程で登場してきたが，過去と現在の事象についてポストコロニアルな視点から太平洋を中心に描くことによって新しい内容構成をすることができる。
(2) 日本との関わりを知り，歴史を引き受ける姿勢を養うことができる
　　青い海と空の魅惑的なリゾート地としての「南の島」のイメージしかない。太平洋地域を学ぶことによって，グローバリズムが進展するなかで周辺化されてしまった人々の視点から歴史や現在の問題を描き直した上で，先住民の現在の抵抗を理解し，歴史を「引き受けて生きる」(春日，2002: 10) 態度を育てることができる。

　マリアナ諸島は，サイパン島，テニアン島，ロタ島などを含む現在の The Commonwealth of the Northern Mariana Islands（北マリアナ諸島，アメリカ合衆国の自治領）とグアム（アメリカ合衆国の未編入領土）からなり，マジェラン到着以後，スペイン，ドイツ，アメリカに支配されてきた。明治元年にグアムに約 40 人の移民が渡り，その後，サイパン，テニアン，ロタには製糖産業にかかわる日本人が数多く移住し，戦中には多くの悲劇がおこった。しかし，日本の植民地支配の歴史があったにもかかわらず，現在は教育上「何もなかった」という集団的記憶喪失の状態になっているといえよう。グアムでは，真珠湾攻撃と同時にグアム攻撃があり，その後日本軍による支配が行われた。マリアナ諸島では先住民族チャモロの土地に住む人は日本人支配により移住と，土地の没収を余儀なくされ，公学校への通学義務や日本語使用が求められる場面も多々あった。こうした記憶が現地の人々にはあるが，日本では戦後学校教育で言及されることがなくなったため，歴史を知らずに，毎年 150 万人もの日本人がマリアナ諸島へ観光に出かけている現状がある。
　このように，マリアナ諸島をとりあげることによって，太平洋史を日本人と先住民の視点から考えることができ，近代国家成立以降のコロニアリズムの過程やグローバリズムの諸問題，現在においておこっている諸相をポストコロニアルな視点から考えることができ，グローバル時代のシティズンシップの育成を図ることができる。
　ツアーの構成は右頁表3-1に示した通りである。ツアー前の事前学習 1・2 と最

03　海外体験学習における学びの変容と市民性　　*63*

表 3-1　グアム・スタディツアーの構成

	活　動	ねらい	活動内容および参加者の意識
導入	事前学習 1	歴史と文化に関する知識理解をふかめ，研修への課題意識をもつ。	リゾート地としか認識していなかったけれど，歴史や文化がつまった魅力的な島だ。
	事前学習 2	交流活動のための準備，交流のイメージをもち意欲を高める。	日本の文化，自分の文化を表象するものは何か，どのように示すか。
	街見学	観光客の目線から「グアム」を眺め，ツーリズムの状況を把握する。	繁華街，ビーチがコンパクトにまとまり，地区から出ない日本人が多いのが理解できる。
展開	歴史領域 活動 A 街中のラッテストーン探し	街中にあるラッテストーンをめぐり，ラッテストーンが大事にされる意味を考える。	古くからこの島には人々の歴史があった。ラッテストーンが大事にされている理由がわかる。
	活動 B チャモロ史ツアー in 南部	南部に残る先ラッテ期，ラッテ期，スペイン統治期の史跡を見学し先住民史を学ぶ。	スペイン統治時代の名残がいまでもあるのはなぜか。南部にチャモロ文化が強く残っているのはなぜか。
	活動 C 戦争史ツアー	戦跡やメモリアルサイト，博物館などを見学し，当時の様子を考える。	強制労働や移住，虐殺されたチャモロの人々は今はどう思っているか。
	活動 D 戦争インタビュー	戦時の様子を高齢者にインタビューし，「生きている歴史」を実感する。	高齢の方は日本統治や日本軍人の行為を覚えているのに，自分たちは何も知らなくていいのか。
	教育領域 活動 E 文化と教育に関する講話	チャモロ語復興とアイデンティティ育成にむけた学校教育の取り組みを理解する。	アメリカ式教育のなかでの取り組みの難しさがあるらしい。自分達のことばを教育することの意味は日本とは異なる。
	活動 F 学校参観	授業を見学し，児童生徒の様子や教育環境の相違などを観察する。	シティズンシップ教育は日本より進んでいる。
	体験活動領域 活動 G 生徒交流活動	地元高校生とともに戦跡をめぐるなどの活動をし，生活を共有する。	次世代が理解を深め，歴史を共有することの意義を感じる。
	活動 H 葉編にチャレンジ	島の生活文化を支えてきたココナツの木の活用の知恵を学ぶ。	実から葉，茎まで余す所なく使用されることに驚き，ココナツが大切なものであることがよく分かる。
	活動 I カヌー体験	海洋文化を体験し，継続維持の取り組みについて理解する。	伝統的技法を受け継ぐことや広めることの意義は何か。
	活動 J チャモロダンスに挑戦	チャモロダンスを通してグアムの歴史や文化の継承と創造を考える。	多文化化するなかでチャモロダンスはアイデンティティ継承の重要な意味があることがわかる。
	文化の再考 活動 K 工芸家と交流	伝統的な装飾品の説明を受け，購入の意義を理解して購入する。	チャモロの人々が身につけているアクセサリーの形の意味がわかる。
	活動 L ディナーショーを見学	ディナーショーを見学し，文化の共有と消費について考える。	ディナーショーという形で演出された「文化」をどう評価したらよいのか。
まとめ	事後学習 1	経験をふりかえり，ツアー参加の意義を整理する。	学び，葛藤，違和感などをふりかえり，ツアーが自分にもたらしたものは何か考える。コラージュの製作に取り組む。
	事後学習 2	今後の活動の展望や現在の自分への影響を共有する。	違う外国へ行って，視野を広げて，今度は自分から行動したい。

＊展開部分の A–K は日程や相手の都合により順序が入れ替わることや，実施できないことを前提とする。そのツアーにとって重点的なニーズをもとに構成する。

初の街見学を導入とし，現地での活動を歴史領域，教育領域，体験活動領域，文化の再考，の四つの区分で構成し，事後学習1・2をまとめとしている。ツアー参加者の背景や経験に合わせてプログラムを構成する。

3 コラージュ制作を用いた学びの変容の視覚化

　事前学習前と帰国後にコラージュを制作し，対象地域に関する認識や理解の変容をみることができる。コラージュとは，現代絵画技法の一つで，「糊付け」を意味するが，1912年にピカソらが画面上に種々のものを貼り付けたことに始まり，現在では，写真，新聞，雑誌などを切り抜いて貼り付けて表現する現代アートとして定着している。文化人類学においては，クロード・レヴィ＝ストロースがブリコラージュ（寄せ集めて作る）という言葉を未開社会特有の思考法を表すのに用い，目的や概念に即して手段を講じる近代科学的なアプローチに対比する言葉として用いた。現在一般的に「ブリコラージュ」「コラージュ」は混在して使用されていることが多い。グアムに行く前の一般的なイメージや自分の乏しい知識をもとに作る作品と，ツアー後の実感を伴った作品は大きく異なり，グアムで出会った先住民族チャモロの視点も描き出されることになる。

　文字表現を用いないコラージュ作品づくりは，作品に使用するパーツや構図を考えることで，自分の考えや主張を整理して明確にすることができる。また言語操作能力に左右されないことから，従来の文字表現を中心とした評価とは異なる尺度による評価を行うことができる。織田（2008: 108-111）は，コラージュの技法を用いて，ハワイに生きる日系人について学んだことを作品に表す試みを行い，生徒に学習前後の作品を比較させ，多様なものの見方ができるようになったことを「見える」形でふりかえらせた。

　「コラージュ作品を見る側は，その作品に用いられた写真とその構図の意図を読み取ろうとし，主体的に作品にかかわることになることから，発表や報告を聞く・読むこととは異なる立場におかれる。スタディツアーの課題の一つとして，発表や報告は日本において日本語によって行われることから，当事者が介在することなく，当事者性が反映されにくいこと，学んだ者の解釈を知ることができないことがある。体験や観察を通して一方的に持ち去られた知見が，異なる空間で異なる言語を用いて都合の良い解釈で語られるという現象が生じる。これは文化人類学研究上で指摘されてきたことと同じである。文化人類学上で努力されてきたように，学び（獲得

03 海外体験学習における学びの変容と市民性　65

図 3-1　現地展覧会や交流会での作品展示

図 3-2　日本の大学生によるコラージュ作品を解読するチャモロの人々

図 3-3　日本の大学生によるコラージュ作品

した知識や解釈）を当事者であるグアムの人々と共有するため」（中山, 2014: 201）に，次のスタディツアーなどの機会を利用して，現地での作品公開や SNS を活用して共有するようにしている（図 3-1, 3-2）。

　学生が作成したコラージュ作品には，グアムを自分がどのように理解しているかを表現することに加え，グアムの人に伝えたいメッセージも込められている。多くの作品には，チャモロの歴史，第二次世界大戦の記憶，現在の様相などが表現され，作品の基底に平和や交流がメッセージとして語られている。

　図 3-3 を制作した学生は次のような解説を添えた。

> 自分でも驚くほどグアムのイメージが変わった。リゾート地でとことん楽しめる所という漠然としたイメージでしかなかったが，チャモロの存在を知り，グアムの歴史や文化について考え，今は実際に肌で感じたものがある。でも

> 実際にリゾートの世界があるわけだから，このコラージュではグアムの地図を
> 中心に上下にわけた。上部にはリゾート地としての部分，下部にはグアムの歴
> 史や文化を表現している。その際，今では圧倒的にチャモロの人々のイメージ
> がリゾートのイメージに勝っているから貼る割合を大きくした。また，多くの
> 人がもっているであろうリゾート地としてのグアムの写真は型にはまっている，
> ということを示すためにハサミで切った直線的なものを貼った。これに対して，
> 下半分は白黒の写真が多い上に，手でちぎって，なんとなく暗さや忘れてはい
> けない歴史を表現した。
> コラージュをやってみて，正直写真をただ貼るだけかと思っていたけれど，や
> ってみるといろいろ考えさせられることが分かった。こういった写真をここ
> に貼りたい，どのように貼ったら思いが伝わるだろう，など，コラージュによ
> って気づく部分もたくさんあった。

　現地の人々からは，「グアムの歴史を理解してくれてありがとう。日本軍がした
ことは忘れないけれど許す，これが自分たちの考え方。若い世代が責任を追うこと
はないけれど，知るということは大事だね。スペイン時代からずっと島はコントロ
ールされ続けているんだよ。日本の若者はあまり英語を話さないから，このコラー
ジュはいいね」というコメントが寄せられた。また，日本の学生の作品を，アメリ
カ本土からグアムに来ていた社会科教師が「教材として使いたい」と購入を申し出
た例があった。販売を想定していなかったため驚いたが，希望購入価格を聞くと 30
ドルを申し出た。そこで，学生の作品は販売物ではないことから，活動への寄付金
ということで受け取り，作品を寄付のお礼に渡したこともあった。
　このように言語を用いない表現による方法も，学びを共有する効果があるといえ
よう。

4　メジローの学習変容論を用いた自己の学びの変容の意識化

4-1　メジローの学習変容論をもとにした「スタディツアーにおける学びの変容プロセス」

　ツアーの参加者の学びは，報告書に見聞記録や感想記としてまとめられることが
多いが，それらの分析や参加者の変容の追跡がなされることはほとんどない。その
なかで，小長谷（2007）は自身が関わるモンゴルと交流する NPO が主催するフィ

ールドスタディツアーの参加者レポートの整理を試みている。ツアーの参加者は通常の観光旅行以上の付加価値を求めて参加することから，ツアーに対する要求水準が高いといえる側面がある一方で，現地理解を求める気持ちが高いので容易に感動する側面があることを指摘する（小長谷，2007: 407-408）。小長谷の分析はツアーにおける短期的な変容を捉えたものである。しかし，教育機関で行うスタディツアーは，事前，ツアー最中，ツアー後の学びと変容に価値を見出し，その後の生き方へも影響をもたらすことを期待する。

　そこで，具体的に学びの変容を細分化して捉え，生き方への影響を検討するために，J. メジローの「変容的学習理論」を援用する。J. メジローの「変容的学習」（Transformative Learning）とは，「批判的な振り返りを通じ，ものの見方・感じ方・行為の仕方の習慣的な枠組みである準拠枠（frame of reference）を変えていくような学習」を指す（常葉-布施，2004: 87）。メジローの変容的学習理論を援用する理由は，ツアー期間前後の短期間な事前事後学習だけでなく，参加後の学生生活や卒業後の社会人生活においても，批判的なふりかえりを通じた学びや変容の継続も視野に入れることが可能になるからである。

　「変容プロセス：10 の局面」とは，①混乱を引き起こすジレンマ，②罪悪感や恥からの自己検討，③認識的前提，社会文化的前提，あるいは精神的な諸前提についての批判的アセスメント，④自分の不満と変容のプロセスが共有できるものであり，その人たちも同様の変化を乗り越えたことに気づく，⑤新しい役割，関係，行動の選択を探る，⑥行動の策を練る，⑦自分の計画を実行に移すための知識と技術を習得する，⑧新しい役割を暫定的に試行する，⑨新しい役割のなかで能力と自信をつける，⑩自己の新しいパースペクティブに基づいた条件を土台にして自分の生活を再統合する，である（メジロー，2012: 235-236）。

　タイでのスタディツアーを実施している藤原（2013）は，海外体験学習がどのようにグローバル・シティズンシップの育成に結びつくかについて論考している。藤原は，学びのプロセスを，①参加動機（作文・面接），②事前学習：学ぶ目的・課題の発見，③事前学習：私のテーマ・目的，④問題状況への参加・体験（現地），⑤テーマ・目的の検証，学んだことの確かめとふりかえり（現地），⑥事後研修：プログラム評価と自己評価，事後レポート，⑦報告書，DVD 作成，と整理している。そして，報告書の記述のなかから，体験学習がどのような学習の変容と認識の再構築をもたらしたのか，上記のメジローの変容プロセスをもとに新たに開発した「シティズンシップの資質的形成のプロセス」を示し，以下の三つの評価基準で分析を試み

ている。

> （1） 脱文脈化された知識や考え方（自己の今までの経験とその認識）への気づき，疑問，吟味，批判などのふりかえりができているか（メジロー：① – ③）
> （2） 他の参加者や現地の人々，コーディネーターともに，ジレンマや困惑をのりこえ，状況のなかで知識を文脈化し，新たな自己への確立や行動を模索しようとしているか（メジロー：④ – ⑦）
> （3） 文脈化された知識や新たな自己を学びの成果として自覚し，それをもとに社会に投企し，試みようとしているか（メジロー：⑧ – ⑩）

　報告書の記述から上の３点に当てはまる部分を抜き出し，また，記述した学生のその後の学びや進路にも言及し，学びの変容を捉えようとした。例として挙げられている４人は，ツアー参加後に藤原ゼミを選択し，「開発教育の教材開発」「在日コリアン」「フェアトレード」を卒業研究のテーマに掲げる結果となったことから，ツアーが本人の学びの課題設定に大きな影響をもたらしたことが窺える。

　しかし，参加者のふりかえりが何らかの評価項目や質問に回答する形で行われているわけではなく，ツアーでの学びや人との関わりのなかで得たこと，事前学習との差異などについてすでに記述された文言のなかから「当てはめて評価」していることになる。また，帰国後に比較的短い時間内に作成された報告書の記述であることから，高揚感が強く残り，自己の変容を深く捉え，次の行動計画に結びついていない時期であることも想定される。

　参加者の語りを活用して参加者自身にふりかえらせることは，参加者の思考を深いものにするとともに，今後の進路選択や長い期間を見通したキャリア形成に大きく影響するだろう。そして時間をおいて変容プロセスをたどることで，いわゆる「ハネムーン効果」からくる高揚感のなかで海外体験学習を終えるのではなく，次の機会の同国訪問や別の学びの対象国の選定など，自らの学習課題の設定にもつながる。言語化する能力や語彙の乏しさによる困難があるかもしれないが，参加者自身の語りによる変容プロセスを用いたふりかえりは，参加者の発展的な思考を促し，今後の進路選択や長い期間を見通したキャリア形成によい影響をもたらすだろう。

　居城ら（2014: 58-59）は，J.メジローの「パースペクティブ変容プロセス」をもとに，「国際理解教育の視点にたったスタディツアーにおける学びの変容プロセス」を示した。これにより，異文化接触やフィールドワーク，ツアーをふまえた自己変

03　海外体験学習における学びの変容と市民性　　*69*

容に特化して思考しやすくなっている。

> J. メジローの「変容プロセス：10 の Phases」をもとに作成した国際理解教育
> の視点にたったスタディツアーにおける学びの変容プロセス
> (1) 異文化や他集団に接し，混乱を引き起こすジレンマ
> (2) ツアー中に感じる罪悪感や恥の自己吟味
> (3) 対象とする社会や文化に対する，これまでの全体への省察・批判的評価
> (4) 異文化・他集団との接触によって生じる不満と変容プロセスが共有できる
> 　 ものであり，その人たちも同様の変化を乗り越えたことへの気づき
> (5) フィールドワーク中やツアー後における新しい役割，関係性，行為の選択
> 　 肢の探求
> (6) 異文化・他集団との接触をきっかけとして実際にどう行動するかを計画
> (7) その計画を実行するための知識や技術の獲得
> (8) 異文化・他集団との接触場面における新しい考え方・自分の役割を試行
> (9) 異文化や社会についての新しい考え方，集団における自分の役割を省察し
> 　 つつ，能力や自信を構築
> (10) 異文化・他集団への多様な視点，新しい考え方と過去を統合し，地球市
> 　　 民として社会参加を試行
>
> 　　　　　　　　　　　　　　　　　　　　（居城他，2014，下線部は筆者による）

4-2　実際の記入にみられる学びの変容

　実際にこの変容プロセスにしたがって，在学中の学生，卒業して 3–5 年程度たっ
ている者など，複数に記入をしてもらい，どのような変容が自らに起こったと捉え
ているのかの検討を試みている。次頁に示すのは，大学 3 年生で初めてツアーを体
験し，その後も活動の中心となって活動している筆者である東（学生時には国際理
解教育を学び，現在小学校勤務 2 年目）が，3 年生のツアー後，大学卒業直前，就
職 1 年後にそれぞれ記述したものである。本章では，変容のプロセスをメタ認知し
て考察を行うために，あえて東一人を事例に取り上げることとする。

	変容プロセス（記入時：大学3年生，ツアー後）
(1)	歴史について学ぶことから目を背けてきた過去の自分，でも一方で，チャモロダンスを通してグアム・チャモロの文化に触れ，国際理解を深める現在の自分。大きく分けてこの2つが将来の自分や行動に対する意識をどう持てばよいのかを悩ませた。また，日本人が学ぶ意義がある（足を踏み込んでも良い）ところとそうでないところがあるのではないかと考えるようになった。
(2)	一番に感じることは自分が「無知」であること。新たな発見や関心を寄せる場面には，日本との過去のかかわりがある。でも，日本人としてのアイデンティティをもつ自分はそれを知らなかった。その事象に疑問をもつレベルの自分ではなく，無知な自分に対しての疑問を持ち続けた。
(3)	グアムは観光地であること，「Sワールド」としての認知度が高いことを考えると，日本人からすればこれらが「グアム」。しかし，現地の人からすればそれは真のグアムでないと考える人もいると考える。また，観光産業を主としているとはいえ，様々な国からの観光客，観光を支えるためにグアムにくる人々が果たしてその真のグアムを知っているのかどうか（歴史や今現在，文化復興の動きがあること）。
(4)	日本に転がっている情報だけでは，自分の知識や能力を高めることは厳しい。そうしたなかでの努力や技術向上は限度があると考える。実際にグアムに行き，英語での会話や情報取集，チャモロ語を使用しながらのパフォーマンスを通して，個人としても集団としても身に付いた能力があった。また，学び続ける意識が向上した。 特に，グアム大学でのプレゼンテーションではグアム大学生からの発信は少なく議論というまでには至らなかったが，置かれている現状，文化復興への動き，自らが専攻している学問への省察やチャモロとして生きる自覚を考えさせる機会となった。
(5)	①学び続けるということ：簡単に足を運べるわけではないからこそ，書籍を読むことや第一人者から吸収すること，文化を通して相手に迫ることが今の自分にできることである。 ②絆を持ち続けるということ：どういう思いで戦争中のことを話してくれたのか，どういう思いで我々に関わってくれているのか，以前よりも現地に行って会い，話すことで把握できた。日本のなかでも文化や歴史を知る最前線にいなくてはけないという使命感をもった。
(6)	日本とグアムを繋ぐ架け橋になるための意識が確実に向上した。さらに，チャモロの人々の気持ちを考えての行動を意識しようと決意した。具体的な計画としては日本人またはチャモロを知らない人への発信を積極的に行うこと。 具体的な行動として小学校や高等学校での講演や国内各地で行われる国際交流フェスティバルや観光促進イベントへの参加，活動の拠点を置く帝京大学での学園祭や公演を通して，多くの人に知ってもらうこと。
(7)	その説明や根拠をもって見せるためには，引き続きグアム・チャモロに対する理解はもちろんのこと，舞踊自体の技術向上を図る必要がある。また，個人的な努力を惜しまない。
(8)	グアムのチャモロダンスグループや文化復興運動に関わっている人や活動を支えてくれている現地の人々との個人的な会話や接触場面から，集団としても個人としても存在することの幸せを感じた。チームを引っ張る中核学年として広い視野を持ち活動を支えることはもちろん率先して動く。
(9)	グアムにはチャモロ語を話す人々がいること，観光リゾート地ではなく先住民族チャモロの島であるということを肌で感じ，さらに，先住民族の文化復興の思いをもつ人とも出会った。我々の存在価値を見出すためには，①活動を発展し続けるための努力，②学ぶ意欲を持ち続け，発信していくこと，③個人的な集団に置ける役割を全うすることを考えていかなければならない。 そのなかで，ギターという役割，チームを支える一人の人間として上記のことを考えて行動すること。
(10)	チャモロダンスは自然や生命を尊重した踊りや歌詞が特徴としてあげられる。その「創られた文化」が「消費される文化」であるような感覚をグアムでのスタディツアーで感じた。取り組んでいる当事者としては自らのアイデンティティを確立するための意義をもつ。しかし，見に来ている観光客にとってみれば背景にあるものは見えてこない。だからこそ我々の存在価値があると考える。集団のなかの一人として行動する時にはその意識の下で自分の役割を全うし，力を伸ばしてけるような活動を続けていく。

グアム帰国後には，教職に就くことを目指しながらチャモロダンスを主としたグアムとかかわる活動に参加し続け，地域の小学校との連携活動に積極的に参加をした。4年時には再度グアムへのスタディツアーに参加し，現地の人々とつながりながら，自分自身や学びの変容を確認した。筆者東が大学を卒業する前に，子どもとの活動をふりかえり記述した感想は以下である。

この活動は国際理解教育を専攻する我々にとって意義のあるものであると考える。学習している大学生の立場からすれば，「どう発信するか」ということ，児童の立場からすれば「なぜグアム，なぜチャモロなのか」という大きな柱で考えることができる。私は単純にわずかな時間を楽しんだ。しかし，遊びや娯楽では感じない「満足感」というものがあった。その要因は伝え方を考えて発信できたことだと考える。フウナザンプンタンを例にすれば，歌詞の解釈，振り付けの意味を伝え，覚えることに繋げた。グアムの先住民族であるチャモロの文化を学んで約1年半となるが，常に考えてきた意味や背景を伝えるために努力した時間は自らの学びを省察するものとなった。

私が子どもだったらこう思う。「なぜ」中国じゃないの，韓国じゃないの，アメリカだとしても何でグアムなのと。ダンスを題材にするにしても，「なぜ」チャモロダンスなのと。子どもにとって身近はテレビや新聞で取り上げられるもので，それがマジョリティとなる。しかし，この学年でマイノリティに目を向け，相手の文化に触れることは国際理解の一歩となる。この学年の子たちが6年生で歴史分野を学ぶとき，また真珠湾攻撃，第二次世界大戦，植民地，B-29，日米の基地問題等のワードとどう結びつけるのか，どう思い出すのだろうか。それがただただ楽しみだ。その姿まで想像できたのかもしれない。[…後略]

そして卒業後，教職についた。機会をとらえて，スタディツアーやグアムと関わる活動を支援しながら，自身も国際理解教育の実践に取り組んでいる。教職について1年がたち，本章の主旨を理解した上で，再度変容プロセスに向き合い記入した（以下紙面の都合により部分抜粋）。

	変容プロセス（記入時：卒業1年後）
(1)	・グアム＝観光地（リゾート）という認識を大衆が抱く一方で，先住民と関わりをもち，ツアーを行うこと。何をツアーの要素として構成するのかにおいて「その土地を熟知している」という差異が生じること。 ・チャモロダンスを行うことによる文化を消費している感覚と，先住民族チャモロとその文化復興運動に対する勇気づける行動であるという感覚の葛藤。
(4)	・舞踏団体パア・タオタオ・タノ（Pa'a TaoTao Tano'）の創設からこれまでの組織化するための努力と後世へ文化的アイデンティティを継承することへの工夫。 ・工芸職人やデザイナーとの交流を通して，自らの手でお金をつくり，生き抜くことの逞しさ。 ・消滅危惧言語であるチャモロ語，葉編みやカヌーなどの大切にしてきた伝統や文化の普及と教育活動におけるカリキュラム編成への熱意。 これらは日本で活動する我々（日本人）の組織運営において手本となっており，活動目的を省察するための役割を果たすものである。文化交流を通して知的財産であるチャモロ文化を教授するグアム側の対応と，人の生き方，マイノリティとしてコロニアリズムに翻弄されつつも，生き抜くことへの応援をする日本側の関係を示すことができている。
(6)	①ツアーを通して考えたことを教育活動として展開 ・批判的思考力の育成・人間関係づくり・消費される文化・（ポスト）コロニアリズム・集団的記憶喪失について・歴史学習・チャモロダンス（音楽や表現）・文化や習慣，慣習・在日米軍基地問題（沖縄をはじめとする駐屯基地について） ②継続的な活動報告の発信 ・集団や個人など，立場を変えてSNSや国際電話と通じて継続的にコミュニケーションをとること。（共有方法は，文面，写真も含む） ③何度も現地を訪れ，直接「出会う」「見る」「感じる」「体験する」を実施する。
(7)	・教育現場での研鑽を積み，教材開発やカリキュラムマネジメントなどの視点から教師としての技量を上げること。 ・子どもたちにいかに学習のきっかけを与えるか。
(10)	教師として植民地支配，戦争と平和など，小学校で歴史学習を扱うときに本当の「グアム」，普通では教えてもらえない内容（ここで言う「普通」は学習指導要領や教科書に記載がない事項をさす）を伝えることができる。例えば，真珠湾攻撃に伴う第二次世界大戦の戦況の進展の過程で同日の数時間後にグアムを攻撃したという事実，北朝鮮の軍事的挑発の相手にグアムが挙げられていることなどがある。その他，マリアナ諸島の日本軍による支配の事実等が挙げられる。社会科や総合的な学習の時間を用いた教科横断的な学習計画のもと，発達段階に応じた教材開発を試みたい。 グアム・チャモロに関して言えば，今年，文化復興運動の一つの集大成として「太平洋文化芸術祭（Festival of Pacific Arts）」が，グアムをホストとして行われた。今後，その「創られた文化」がどのように発展していくのか，また舞踊だけでないチャモロ文化をどのように推進していくのかに注目し，大きくスタンスは変えず，文化推進・永存のために動くチャモロの人々を勇気づける活動を展開する。

なお，コラージュ製作に関しては，東個人ではなく，3人で共同コラージュ作品づくりに取り組んだため，個人的なツアー前後の変容を視覚的にみることができないが，共同製作において互いの考えを聞き合う場面に価値があったと考える。どの写真を選ぶか，どのように配置するか，誰に見てもらいたいか，などの点について会話をしながら考えを深めることができた。

大学3年時に記入した自らの言葉，4年卒業前に残した言葉，そして現在記入したものをふりかえると，グアムを継続的に訪れ，現地のチャモロの人々との連絡も定期的に行っているがゆえに，文化に興味を示すことやチャモロダンスの組織について考えることに大きな変化は生じていない。しかし，教育を学び，採用試験を経て教員となり，教壇に実際に立つようになり，自分のあり方には大きな変化がある。

小学校教員として日々，教育活動に携わる身としての自己実現を目指す発言が，より具体的な事象をもとに書かれていることである。単なる希望的観測ではなく，スタディツアーで訪れる地域の動向を受け，何を教材として子どもたちに還元できるかを考えていることがわかる。文言として書いた活動への参画意識に多少の差異はあるものの，異集団や異文化に対する敬意を示す姿勢が年月を重ねるとともに，大きくなっていることがわかる。教師としての自分自身が地球に生きる市民として，マイノリティである人々の置かれている状況を考え，文化や価値観に敬意を払うとともに，自らの教育実践とグアムと関わることで得たものを結びつけながら，地球市民の感覚をもつ子どもの育成に努めていきたい。

これまで何人もの参加者を対象として，この「国際理解教育の視点にたったスタディツアーにおける学びの変容プロセス」に記述を求めてきたが，記入には少なくとも2時間程度必要となる。具体的な場面の自己評価ではなく，記述に深い思考が必要となるからである。この記入は，ツアー直後よりも，日本での「いつもの」現実生活に戻り，客観的に考察できるようになった時期が適当であろう。自己をメタ認知する作業によって記述に時間がかかると同時に自己を省察し，単なる感動体験のレポートではなく，将来の自己像を構築する機能ももつ。将来の自己像をイメージすることが，生き方やキャリアの基盤づくりの一つになることと考えられる。そして，複数年を経過して再度記入し，自己の変容をとらえ，生涯学習の指標とすることが可能となる。

5 おわりに

自己の学びの変容の比較から，先述した林（2010: 194）の「参加者がいかに行動につなげていくのか，そして行動から得た学びをいかに行動につなげていくのか」という課題に関して，以下のことが指摘できる。

短期日程かつ単発的なスタディツアーは，強い満足感が参加者にもたらされるが，ツアー後は再び日常生活へ戻り刺激を受けた感覚が薄れていく。たしかに，ループ

リック式の評価によって場面ごとの短期的な意識づけや，報告会・発表会における発信活動によって，自らの学びをふりかえることはできる。しかし，本章で紹介したコラージュの制作のように自己の認識の変容を視覚化したり，面談やシート記入など長期的な変容をとらえて思考を促すような評価や発信の方法を工夫したりしないと，海外で異集団・異文化に触れることで得た「刺激」や「新たな発見」を次なる行動へとつなげにくい。出会いや機会を用意して，視野を広げさらなる学びにつなげる必要がある。

スタディツアーを継続的に実施するためには，母体組織の安定性や経済的支援などのハード面の充実が求められるだけではなく，参画する人々の向上的な人間関係や自分自身の成長の意識化，それに伴うメタ認知能力が必要となる。このことから，「国際理解教育の視点にたったスタディツアーにおける学びの変容プロセス」に基づいて変容をふりかえることで，言語化をとおした自己育成がみられ，肯定的に学びをふりかえることができる。特に，後半の項目に関しては未来への選択や行動計画を考えることから，自己実現に効力を発揮する。「もう一度，訪れてみたい」「別の国や地域について知りたい」「自分が得たことを身の回りに還元するためにこうしていきたい」といった主体的な意欲，行動化につながる。

海外での学びを行動につなげる地球市民の資質を育てるためには，スタディツアーに参加した者が長期的な自己の学びの変容を追うことで，「充実した過去の思い出」に浸るだけなく，今を生きる市民としての自分のあり方を模索する姿勢を育てることが有効であろう。そして，長期的に変容を捉えるための視点の提示や機会を設けること，メンターとの関係保持，本人の記録の蓄積が求められる。

【引用・参考文献】

居城勝彦・中山京子・織田雪江（2014）.「スタディツアーにおける学びと変容―グアム・スタディツアーを中心に」『国際理解教育』20, 51-60.

乾　美紀（2013）.「海外フィールドスタディと国際理解―タイ・ラオス国境でのフィールド調査を通して考える」『国際理解教育』19, 84-88.

織田雪江（2008）.「日系アメリカ人の文化・歴史・市民権から学ぶ―多様な人々が暮らすハワイから」森茂岳雄・中山京子［編著］『日系移民学習の理論と実践―グローバル教育と多文化教育をつなぐ』明石書店. pp.108-112.

春日直樹（2002）.『オセアニア・ポストコロニアル』国際書院

黒木雅子（1996）.『異文化論への招待―「違い」からの自文化再発見』朱鷺書房

小長谷有紀（2007）.「NGOによるフィールドスタディの現場から―大衆化するフィール

ドワーク」『文化人類学』*72*(3), 402–411.

常葉- 布施美穂 (2004).「変容的学習—J. メジローの理論をめぐって」赤尾勝己［編］『生涯学習理論を学ぶ人のために』世界思想社，pp.87–114.

中山京子 (2011).「太平洋地域学習の意義と可能性—マリアナ諸島・グアムを事例にポストコロニアルの視点を育てる」『帝京大学文学部教育学科紀要』*36*, 1–10.

中山京子 (2012a).『先住民学習とポストコロニアル人類学』御茶の水書房

中山京子 (2012b).「戦争の記憶をめぐるスタディーツアーに多様な視点をどう組み込むか—グアム・スタディーツアーを事例に」『帝京大学文学部教育学科紀要』*37*, 15–22.

中山京子 (2012c).「「創られた伝統」が古来の文化を復興」中山京子［編］『グアム・サイパン・マリアナ諸島を知るための 54 章』明石書店，pp.165–169.

中山京子 (2014).「異文化理解および主張を表現する教育活動—グアム研究を事例に」『帝京大学教育学部紀要』*2*, 197–206.

林加奈子 (2010).「開発教育としてのスタディーツアー再考—省察と行動の視点から」『開発教育』*57*, 183–198.

藤原孝章 (2013).「学士教育におけるグローバル・シティズンシップの育成—「海外こども事情A」（海外体験学習）の場合」『グローバル教育』*15*, 58–74.

メジロー, J.／金澤　睦・三輪建二［監訳］(2012).『おとなの学びと変容—変容的学習とは何か』鳳書房

04 NGO（NICE）による 国際ワークキャンプ

状況学習の観点から

山口紗矢佳

1 はじめに

　本章の目的は，「国際ワークキャンプ」が参加者にもたらす経験の内実を「状況に埋め込まれた学習」の観点から記述・分析し，参加者の行動変化について明らかにすることである。

　筆者は，国際ワークキャンプを企画・運営する「日本国際ワークキャンプセンター」（以下 NICE）において，2009 年から 2015 年まで，年間 500 名以上の若者らと活動現場で過ごしてきた。その後，法政大学大学院（キャリアデザイン学研究科）において自らの実践を見つめなおし，修士論文にまとめる機会をもつことができた。本章は，その修士論文をもとに作成したものである。なお，この論文の国際ワークキャンプは，NICE の実施する国際ワークキャンプの意味とする。事例で取り上げた状況学習は，NICE の関与があって初めて成立するものである。国際ワークキャンプの運営形態は NGO によるものや学生が主体に行うものなど多岐にわたる。この論文での状況学習は，NICE のコーディネーターが活動現地で運営を担う国際ワークキャンプにおいて成立するものであり，必ずしも一般的な全ての国際ワークキャンプでは成立しない。

　NICE は，1990 年に国際ワークキャンプの参加者 7 名が結成した団体である。設立以来，国内・海外 95 か国でワークキャンプなどの各種事業を行ってきた。その活動の中核である「国際ワークキャンプ」とは，異なる言語や文化，宗教，家庭環境などを背景にもつ多国籍・多様なボランティアたちと共同生活をしながら，地域の活動体と恊働し，課題解決のために取り組む活動である。活動の起こりは 1920 代のヨーロッパとされる。第一次世界大戦によって引き裂かれたヨーロッパを市民

04 NGO（NICE）による国際ワークキャンプ　*77*

の手で平和的に再建しようと，フランスのベルダンにさまざまな国の若者が集まり，農地を再建した。これが地域問題の解決活動として世界に広がり，95 カ国以上で開催されるようになった。現在では，約 200 の NGO が国際ワークキャンプを行い，ユネスコの支援のネットワーキング化も進んでいる。

　国際ワークキャンプの特徴として，以下の 4 点を挙げておきたい。

（1）ワーク（作業）への習熟
　　参加者の最大の目的は，現地の課題を解決するためのボランティアワークに取り組むことである。現地の団体や，熱心に活動するコミュニティリーダー，さらに数年にわたって現地と参加者を結ぶ仕事をしてきたコーディネーターの下，参加者はワークに取り組む。
（2）異文化環境への適応
　　滞在中，参加者は異文化環境でボランティアに励むこととなる。日本では気がつかないような発見ができる一方，お互いに譲歩できない文化の違いに悩むこともある。
（3）参加者による共同生活（キャンプ）
　　国際ワークキャンプでは，さまざまな国から集った初対面の個人同士が，食事を輪番で作りながら共同生活を送ることとなる。普段は気にも留めないような互いの行動に葛藤し，配慮しなければならない。参加者は，ボランティアとしてのワークからだけでなく，この集団生活からも多様な学びを得ることができる。
（4）コミュニケーションのための語学力と積極性
　　国際ワークキャンプでは，基本的に英語を使用する。活動中は，ネットワーキングための自己開示と共同生活やワークのための情報共有が求められる。

　大学における海外体験学習が制度化されるにつれて，ワークキャンプを実施するNGO との連携もみられるようになってきた。NICE でも大学や高校などからのオーダーを受けた国際ワークキャンプやオーダーメイド型のプログラムを企画・実施している。それぞれの教育機関と調整をした上で事業を計画する。今回取り上げる事例も，このようなオーダーメイドのプログラムである。

　「一人で参加するのが心配だった」「大学のプログラムだから安心だと思った」「引率者がいるので，保護者の同意を得ることが出来た」といった理由で参加を決め

ている学生は多い。海外でのワークキャンプに参加するというと，積極的な学生とのイメージをもつかもしれないが，実際には「少し自分に自信がない」という参加者が意外と多いのである。国際ワークキャンプを通して，初めは何事にも気後れしがちな参加者の多くが，自分自身の変化に気づくとともに，他者や社会との関わり方について新たなアイデアを得ていることに，筆者は関心を寄せてきた。若い彼ら彼女たちの生き方や将来への踏み出し方へのエンパワーメントの一環として，この学習プロセスを明らかにしたいと考えている。

　その際に有用となる概念が「正統的周辺参加」である。レイヴとウェンガーは『状況に埋め込まれた学習―正統的周辺参加』（1993）において，社会的な実践共同体への参加の度合いを増すことこそが学習であるとする。ここでの学習は，単にある知識を覚えたり，技能を習得したりすることではない。新参者は共同体への正統的なアクセスがありながらも，最初は何をしてよいのかわからないため，周辺的に参加するしかない。しかし多くの人々とやりとりを繰り返し，試行錯誤を経ながら共同体への関わりの度合いを深めていき，やがては「十全参加」を果たすようになる。これが「正統的周辺参加」の提供するモデルであり，先の国際ワークキャンプの四つの特徴との親和性が高いことは明らかだろう。

　ここで，レイヴとウェンガーが提示する共同体を確認しておきたい。

> 学習のカリキュラムは本質的には状況に埋め込まれたものである。それは単独で考えられるものではなく，また勝手な教え込み的（didactic）なことばで操作されるものではない。また，正統的周辺参加を形作り社会的関係から分離して分析できるものでもない。学習のカリキュラムは共同体の特徴なのである。共同体という言葉を使うとき，私たちは何か原始的な文化の共同体を意味しているわけではない。成員は異なる関心を寄せ，活動に多様な貢献をし，様々な考えを持っていると考えられる。私たちの見解では，多層的レベルでの参加が実践共同体の成員性には必然性に伴っているとする。共同体ということばは，［…中略…］参加者が自分たちが何をしているか，またそれが自分たちの生活と共同体にとってどういう意味があるかについての共通理解がある活動システムへの参加を意味している。（レイヴ・ウェンガー，1993: 80）

　この状況学習についての先行研究としては，医療現場における徒弟制度と呼べるものを取り上げている例をはじめ，教育現場，たとえば留学や実習などに注目す

04　NGO（NICE）による国際ワークキャンプ　　79

るものが多い。木村（2014）は制度を利用し日本で就労する外国人看護師を，奥野（2013）は新卒看護師を事例とし，学習論的観点で状況学習の論理に注目している。また竹内（2013）は，青森県の神楽の伝承者について研究し，変化する社会や身体能力などに合わせて，伝承者は先行世代と対話を行いながら意味づけや技能を再構築しているという。ここでは，状況学習を国際ワークキャンプに当てはめてみたい。

　国際ワークキャンプの参加者（新参者）は，2週間にわたってコーディネーター（熟達者）のアドバイスを受けたり，そのふるまいをまねたりしながら，コミュニケーションの術を学んだり，ワーク（作業）に対しての熟練性を増していく。この過程を通して参加者は次第に帰属意識を高め，現地の社会課題を自分事として捉え，ワークキャンプへの十全的な参加に至るのである。

2 国際ワークキャンプの事例分析

　ここで取り上げるプログラムの内容は，ベトナムの福祉施設でボランティアをするというものである（実施期間：2015年3月1日〜12日）。NICEが東京にある私立大学の国際系の学部より業務委託を受け，特別にアレンジした。きっかけは，NICEの国際ワークキャンプへ自主的に参加した学生が，その体験の豊かさをゼミの担当教授に話したことにある。この教授が学部長であったことから，グローバル人材育成推進に取り組むこの学部において，トライアル事業とすることとなる。全行程は約4か月，ガイダンス，参加申込，選考発表，事前学習，事前研修（プレ・ワークキャンプ），現地実習（国際ワークキャンプ），事後研修，事業総括を含めたプログラムとなった。事業総括後にレポートを提出した学生には渡航費の補助が出ることとなっており，将来的には単位認定も視野に入れている。

　通常，NICEによる国際ワークキャンプは，次のような手順で実施されている。同学部でのプログラムも，これを応用する形で行われた。

（1）プログラムへの申し込みに当たり，過去の参加者の体験談を交えた説明会を実施する。

（2）1泊2日程度の「プレ・ワークキャンプ」を行う。

（3）現地から最終案内としてのインフォシート送付。集合場所までの交通や，スケジュール表，持ち物についての案内が英語で記されている。

（4）プログラム実施。期間は2週間が多いが，2011年以降は7日程度のプロ

グラムも増えている。

(5) 事業終了後のアンケート。

(6) これ以降，希望者制で「ただいま会」と呼ばれる事後研修，「国際ボランティア大賞」と呼ばれるプレゼンテーション大会への出場，「年度総会」における事例発表などに参加することができる。

2-1　自己との対面

　本章で取り上げるのは，三回目のトライアル事業であり，一期生や二期生からの口コミでプログラムのことを知ったという参加者もいた。学部からの参加者は 7 名にコーディネーター 1 名（＝筆者）がついた。ベトナムからは参加者が 3 名にコーディネーター 1 名（＝ NICE と連携する団体の職員）である。合計 12 名からなるグループが，受け入れ団体の通所施設を訪問する形となった。

　プレ・ワークキャンプは，2014 年 12 月 6，7 日に 1 泊 2 日で実施した。ベトナムでの活動先が，ハノイ市内私立の特別支援学校であることから，事前研修先は東京都西多摩郡の社会福祉法人とした。

　ベトナムでボランティアを行う 7 名が集合したプレ・ワークキャンプは，参加者同士の顔合わせという機能も果たす。2 名は知り合いだったが，それ以外は面識がなく，青梅駅からバスのなかは会話もなく静まり返っていた。見知らぬ場所を訪問すること，障害者の入所する施設でボランティア活動に取り組むこと，初対面の学生同士で新たなコミュニティを形成することに対する不安な心境を隠せない状態だった。また，ほとんどの参加者にとって，障害者と接するのは初めての経験であった。どのように接すればよいのか困惑し，指示待ちとなってしまう者もいれば，質問をしたり，メモを取ったりしながら話を聞くなど，積極的な姿勢をみせる者もいた。

　西村は，見ず知らずの集まりから，顔見知りになるプロセスを経て，生まれつつある結束力に手ごたえを感じていた。

> 初対面の 7 人で生活していくことが，初めは考えられませんでした。でも，今は何とかなるんじゃないかと思っています。それぞれ違った面を持ったメンバーが集まっていて面白く感じます。（西村，2014 年 12 月 7 日）

　一方で，国際ワークキャンプ中の困難を予期する参加者もいた。

> 今日のキャンプを通じて感じたことは，自分にはまだ覚悟のようなものが足りないのではないかということです。この国際ワークキャンプのプログラムをより良いものにするには，もっと努力すべきであるということを痛感しました。今回，難しかったことは，やはり障害を持つ方との接し方でした。初めての経験だったのでどのように接すればよいかわからず困惑しました。（山本，2014年12月7日）

　国際ワークキャンプでは，寝袋を持参し，大部屋で寝起きをともにする。食事は自炊をすることが多い。住民と生活を共にしながら，ボランティアワークに取り組むという手法が用いられているのだ。このプレ・ワークキャンプは福祉施設で行ったため，布団が準備されていたが，それでも自宅での生活とは異なる点が多かったはずである。起床時間の厳守，調理配膳や食事，皿洗いや後片付け，休憩時間の過ごし方，入浴方法，そして就寝にいたるまで，日常生活とは異なる手順や方法での生活を余儀なくされる。この点でストレスを感じる参加者は非常に多い。短期間ながらも，日本で一度共同生活を経験しておくことの意味は決して小さくないのである。

2-2　カルチャーショック

　初対面同士だった参加者は，事前研修を経て，海外プログラムに参加する同志という関係性を構築した。7名が再会したのは，ハノイ市内にある NGO の宿泊施設だった。彼らは「2015年3月1日16時までに，ハノイ国際空港到着の便でベトナム入りを果たそう」通達されており，各自で航空券を取得していた。大学との議論になったポイントの一つが，空港から NGO までの移動手段であった。初めて海外へ足を運ぶ学生にとって，空港から宿までの移動は大きな不安要因である。このプログラムでは，自力で目的地に来てもらうこととした。空港から適切な交通手段を利用するには，英語や現地語で書かれた看板を見つけたり，正しい窓口で質問をしたりして，必要な情報を集めて自身で判断をする力が必要となる。空港からNGO までは，タクシーまたはバスを乗りついで集合することになっていた。集合日前夜に到着したのが小林と中村であった。彼らは，長時間待ったあげくに予約していたタクシーを見つけることができなかった。別のタクシーを頼んで，なんとか無事にたどり着き，安堵した表情だった。

　3月1日午後，日本とベトナムからの参加者全員とを対象としたオリエンテーションが開かれた。その際，日本からの参加者はとても静かだった。ベトナム人コー

ディネーターはワークショップ中に，"It's so quiet here" とコメントした。また，「これまで接した日本人ボランティアの多くは，英語で話しかけられると，すべてを理解できなくても，笑顔で YES と返事をした。YES MAN にならないように」と釘を刺した。この時，当の参加者たちはどんなことを考えていたのだろうか。

自己紹介タイムとオリエンテーションの時間は，はっきり言って地獄でした。最初の方は何を言ってるのか，わからないままでした。でも後からわかるところが増えて楽しく聞くことができました。（大井，2015 年 3 月 1 日）

自分では人見知りだと思っていなかったが，外国人とうまく言葉が伝わらないと積極的に話すことができないということに気が付いた。英語が心配です。聞くことは，まだ少し理解できるが，英語を話せない。今の心配はこれです。これからとても不安……。（井上，2015 年 3 月 1 日）

日本のことを聞かれて，十分に答えることができない自分に対して少し怒りを覚えた。ただ，純粋に彼らとコミュニケーションをとることが楽しい。すべて理解する力はないが，一生懸命聞こう。話そうとすることの大切さを感じた。（中村，2015 年 3 月 1 日）

表 4-1　参加者リスト（筆者以外はすべて仮名）（筆者作成，2017 年）

氏　名	国　籍	学年・所属	性　別
大井　洋	日　本	1 年	男
中村昭男	日　本	2 年	男
小林耕祐	日　本	2 年	男
井上美佐	日　本	2 年	女
西村彩香	日　本	2 年	女
山本龍史	日　本	3 年	男
安多瀛（アンダヨン）	韓　国	留学生	女
山口紗矢佳（筆者）	日　本	NICE コーディネーター	女
Mai Nguyên Đây	ベトナム	ボランティア（社会人）	男
Phạm Quảng Nghi	ベトナム	ボランティア（学生）	男
Triệu Thị Tố Tám	ベトナム	ボランティア（学生）	女
Văn Anh Tranh	ベトナム	コーディネーター	男

図 4-1　NICE の国際ワークキャンプにおける状況学習の実践共同体（筆者作成，2017 年）

　さて，筆者は，ここに登場した 12 名とベトナムでの訪問先の施設，ならびに周辺に暮らす住民が実践共同体を構成するものと考えている。そして，日本からの参加者は 7 名が「新参者」である。それを図にしたのが，図 4-1 である。
　「英語を使用した生活」，また「ボランティア活動についてのワークショップを英語で行う」ことに対して尻込みしており，周辺的参加の状態であることが明確に読みとれる。実際，オリエンテーションのほとんどが，ベトナム人と日本人のコーディネーターからの問いかけや説明に割かれていた。彼らは問いかけに対して意思表示をするよう，繰り返し促した。すると，参加者は，大切だと感じた説明に対して「うなづく」，興味のあるトピックが始まると「身を乗り出す」といった思い思いの方法で，コミュニケーションを取り出した。これにより，場が少しずつ活性化した。さらに日本人コーディネーターが，「英語での発言に不安がある場合，まずは日本語で話してもよい」とした。ここでの提案は，活動最終日まで生かされた。参加者が発言したくても英語での表現方法がわからない場合には「日本語でもいいですか」と断った上で，話をする文化が成立したのである。
　その後，日本語で活動総括を行う時間を設け，日本人の目から見たベトナム，気づいたことなどを話し合った。進行役は持ち回りとし，1 日目のみコーディネーターが運営した。議題は，①タイムテーブルのふりかえり，②ヒヤリハットと感想，③提案・改善，④明日の予定の 4 点である。
　英語でのオリエンテーションと比較すると，日本語での参加者はとても雄弁だっ

た。到着して数時間しか経過していない彼らには，驚いたことを思いのままに話す場が必要だったのだ。「牛の散歩を初めて見た」「4人乗りのバイクを見た」「湖の近くでは結婚カップルが写真を撮っていた」「氷の入っているお茶を飲みそうになった。(生水は不衛生な場合があると聞いていたので) 危なかった」など，次々に話題がもちあがった。こうして，「驚いたこと，発見したこと，ヒヤリとしたこと」を仲間と共有し，カルチャーショックを言語化していく。自分自身の体験は，出発前に想像していたものとはまったく異なるものである。言語や環境に不安を抱えつつも，参加者は，事前に学んだ文化紹介の内容をふりかえり，現場に見合ったように微調整を加えていく。カルチャーショックを受けたからこそ，その反動で各自が適応のために動きだす。やがて，環境への適応は，自信につながっていくのである。

2-3　個性の表れ／自己と他者との対比

2日目の福祉施設訪問は全員が同時に体験するものであるが，そこでの各人の行動には歴然とした違いがあった。

3月2日午前10時，一行は施設の門をくぐり，施設長の歓迎を受けた。障害をもつ何人かの子どもが，敷地内に入ってきた日本人グループに興味をもち，遠慮なく近づいてきた。少しかしこまった様子で握手を求める子ども，"What's your name?" と10分おきに同じ質問を繰り返す子ども，頭を大きく揺らしながら笑顔で歌を歌う子どもなど，さまざまである。

施設内に入れば，言葉が未発達な子どもによる叫び声が響きわたり，運動能力の遅れた子どもが所せましと地面にうずくまっている。不明瞭な発語の子どもが好奇心旺盛な様子で参加者らを取り囲む。参加者らにとって，それは衝撃の時間だった。しかし驚く間もなく昼食の時間が始まり，参加者は食事介助に取り組むこととなった。

食事介助のワークは，初心者にとっては過酷である。食事の入ったお椀とスプーンを手渡され，一人で食べることができない子どもの隣に座って，食事を口まで運んであげる。これを見よう見まねで行うものの，まったくうまくいかないのである。食事介助はとても繊細な作業であり，スプーンに乗せる一口の量や，食べるペースに配慮しなければならない。初対面である参加者からの食事介助に抵抗のある子どもも多く，スプーンを目の前にもっていっても口を開かない。参加者らは到着早々に途方に暮れることになる。子どもと面と向かって座ることができなかったり，「無理だよ，できない」と漏らしたり，目を合わせることすらできない。そんなな

か，安は独自の行動をとっていた。彼女は，目を見開いたり，笑顔を見せたりといった具合に，自分自身の表情に変化をつけながら子どもを楽しませようとした。そのうち，安が担当する子どもは笑い声をあげ，とてもよい雰囲気を作り出していった。一方，ベトナム人コーディネーターは子どもたちと追いかけっこをすることで，子どもたちの緊張をほぐす方法を参加者に示していた。日本人コーディネーターは，委縮してしまった参加者を励まし，食事介助を続けさせた。

　施設の様子を実際に体験した2日目の総括は，1日目とはかなり異なるものとなった。体験をふまえて，お互いにアドバイスし合い，アイデアや提案も具体的だった。

> 　安：子どもたちの特性とか，一日の過ごし方とか，今日見てわかったじゃん。明日から仲良くできるように調節したほうがいい。
> 小林：ベトナム語が通じない子でも，歌っていたかも。言葉は伝わりづらい？
> 大井：リズムだね。言葉じゃないもの。
> 小林：なんだろう，みんなが知っている歌あったよね。
> 　安：子どもたちと仲良くなることが課題。一緒に歌やリズムをとるのはどうかな。

　前日の総括と比較して，全員が躊躇なく話をしている様子がうかがえる。ここでも，発問があった際に，まずは安が率先してアイデアを話すことが多くなっていた。

　活動3日目，大井は床屋で散髪をした。彼は町の至る所にある簡易店舗に興味を持っていた。しかし，実際に髪を切るのは勇気のいることである。他の参加者も興味は持っていたが，行動に移したのは大井のみであった。この日以降，大井は積極的に行動するようになり，ムードメーカー的存在となっていく。これについて，大井は自身の変化を以下のように述べている。

> 　手を使ったコミュニケーションが多くなった。ダンスとかを自然とするようになった。あと，リアクションが大きくなったところが，自分が大きく変わったことです。（大井，2015年3月4日）

　これらの動きは，安や大井が，新参者の周辺的参加から脱していく変化の兆しを示しているものと捉えられるだろう。

86

　レイヴとウェンガーのいう「共同体」を，参加者が意識するのには時間がかかる。海外体験が初めてという参加者も多いなか，まずは各人がカルチャーショックの次の段階である適応の過程に到達する必要がある。

> 今日は，いつものようにセンターへ行きました。どのバスに乗ればいいのかとか，道順とかにも慣れてきて，最初の時のような驚きは感じなくなりました。注意を十分にすることで，ようやく，道路を横断することにも恐れを感じなくなりました。（中村，2015 年 3 月 4 日）

> 今日まで体調の変化も特にないので安心した。みんな大丈夫そうだし，このまま続くといいなあと思う。まだベトナムに来て 3 日くらいしかたってないけど，だいぶこっちの生活に適応してきた気がする。（西村，2015 年 3 月 3 日）

　身の危険を感じなくなる程度まで環境に慣れてくると，周囲の参加者に対して気遣いをする者が現れてきた。参加者が徐々に共同体を作り上げていくこの状況について，レイヴとウェンガーは以下のように述べている。

> 新参者の正統的周辺性は彼らに「観察的」な見張り役以上の役を与える。新参者の正統的周辺性が決定的に含むのは，「実践の文化」を学ぶ――それを吸収し，それに吸収される――やり方としての参加という事態である。正統的な周辺性に十分長くいることで，学習者は実践の文化を自分のものにする機会に恵まれる。広く周辺的な見方からはじめて，徒弟は次第に共同体の実践を構成しているものが何かについての一般的な全体像を作り上げる。［…中略…］そこには誰が関与しているか，何をやっているか，日常生活はどんな風か，熟練者はどんなふうに話し，歩き，仕事をし，どんな生活を営んでいるか，実践共同体に参加していない人はどんなふうにこの共同体と関わっているのか，他の学習者は何をしているのか，学習者が十全的な実践者になるには何を学ぶ必要があるのか，などである。（レイヴ・ウェンガー，1993: 76-77）

2-4　自己分析と成功体験

　参加者は，ベトナムでのボランティア活動についておおいにイメージを膨らませて現場に到着した。プレ・ワークキャンプでの経験も活かし，知的障害をもつ人々

との活動について，自分たちなりに想定しながら準備を進めてきた。しかし，実際には体験してみないとわからないことも多い。

　国際ワークキャンプにおいて異文化に接触した参加者は，英語（外国語）でのコミュニケーションに四苦八苦し，慣れない味の食事といったカルチャーショックの第一波を経験する。それが一段落すると，実際のワークにおける内実を問われることになる。ベトナムでのプログラムの場合には，子どもたちとより密なコミュニケーションをとりつつ，ワークのレベルを高めていくことになる。

> 今日達成できたことは，自分の名前を子どもに覚えてもらったことです。本当にうれしい。（大井, 2015 年 3 月 3 日）

> なんとなくだけど，子どもが何を言いたいのか，伝えたいのかがわかるようになった。「これがノー」なんだなあとか，わかったのでよかった。（西村, 2015 年 3 月 9 日）

　参加者が子どもたちと次第にうまくコミュニケーションがとれるようになり，それに手応えを感じている様子がうかがえる。

　ここで，教材作成のワークに注目したい。『初歩ベトナム語』の教科書は長年使用されたため，表紙もなかのページも破れてしまっていた。そこで，挿し絵と単語を新しい用紙に模写し，丈夫な教材として作り変えるワークに取り組むこととなった。

　山本は，この教科書作りで自身の特性を見出している。

> 昨日と比べて子どもたちと自分の距離感は縮まったと思います。今日の仕事は黙々と絵を模写することでした。この作業は自分に向いていると思うし，作業を進めていくうちに技術も向上できました。（山本, 2015 年 3 月 3 日）

> 今日，教科書作りが完成した。達成感がハンパなかった。子どもと遊んでいて，オーバーリアクションをすると喜んでもらえてよかったし，何よりも子どもたちが僕に近づいてきてくれたことがうれしくて仕方なかったです。（大井, 2015 年 3 月 9 日）

　テーブルが狭く，ペンや色鉛筆も数に限りがある。周囲には参加者と一緒に遊ん

でほしくてうずうずしている子どもたちが集まってくる。そんななか，彼らは教科書を復元させた。山本は，一つの作業に集中して取り組むことを「自分に向いている」と感じた。ワークを通じて自己分析にいたったケースであり，国際ワークキャンプ中に獲得したキャリア観（職業観，勤労観）でもある。さらにこの教材は，誰がどのように使うかがわかっている。そのことによる達成感，自己有用感もひとしおである。山本のキャリア観の芽生えは，実践共同体における役割への責任感へとつながっていった。

さらに国際ワークキャンプでは，予期せぬ予定が舞い込んだり，延期になったりすることがある。井上は予定外の活動に対応し，やり遂げたときの心境を語っている。

> 寄宿施設を訪問した際，突然ダンスと合唱をすることになった。すごく緊張したが，成功できてうれしかった。本番前の15分間のみんなの集中はすごかったと思う。（井上，2015年3月6日）

今回の国際ワークキャンプは，知的障害をもつ子どもを対象とした施設での活動が中心であった。しかし，このとき参加者らは，身体障害をもつ生徒の通う別の施設を訪問していた。その日に偶然，訪問先では卒業式が執り行われていた。そこで，日本人とベトナム人のコーディネーター同士が話し合い，予定していなかったチャレンジを参加者に提案した。参加者の結束を高めるよい機会であると判断したからである。参加者たちは，毎日コツコツと空き時間を使ってダンスと合唱を練習していた。それは，国際ワークキャンプの最終日の企画として準備しているものであった。予期せぬ事態に，参加者は一時戸惑いを隠せなかったが，大井を中心に短時間でリハーサルを済ませ，大勢の生徒の前で堂々とダンスと合唱を披露することができた。このように，共同体は柔軟にスケジュールを調整しながら，挑戦の機会と成功体験を積み重ねていくのである。

高野（1999）の研究では，参加前の状態に関わらず，ボランティア・ワークキャンプ中の体験の内容と意欲，自己評価によっての自己肯定感が成長することが明らかとなっている。キャンプ中に課題をもち，その解決に向かい続けた参加者は自己肯定感が高まり，キャンプ中に社会課題や人生課題にぶつかる，あるいは内省的・内罰的になった参加者は自己肯定感が高まらないのだという。今回の事例では，毎日活動総括を行い，解決すべき課題や取り組みたい目標についてシェアをしていた。

各自の抱える悩みを共有する場を設けたことによって，困難に立ち向かうよう激励しあえる環境が整えられていたと考えてよいだろう。

2-5　状況学習と参加者の変化

　障害者の通所施設で活動をするにあたり，ベトナム人コーディネーターは参加者に対して二つの質問を用意していた。一つ目は「施設の子どもと友達になるには」，二つ目は「施設での「助け」とは何を指すのか」というものだった。

　1日目と9日目のワークショップの際，彼は参加者に同じ二つの問いを提示した。ベトナム人コーディネーターはこのセンターにおける外国人ボランティアを交えた活動を5年以上続けている。後日，本プロジェクトをふりかえってインタビューを行ったところ，一つ目の質問は，参加者の親近感を高めるために，熟達者ならではの工夫がなされていたことがわかった。

> 障害を持つ子どもたちには，十分な友人・理解者がいることが望まれる。この質問を通して，ボランティアが障害児に向き合ったとき，恐れをいただかないように，という願いも込めています。(Tranh, 2015年11月19日)

　二つ目の質問については，彼がこれまで出会ったたくさんのボランティアの誤解に対する解釈が含まれている。

> これまでベトナムにやってきた多くのボランティアは「助ける」ということは，障害児のために，自分が動いて手助けを行うことであると誤解しがちでした。しかし，本当にもとめられる助けとは，彼らのことを気にかけて，心の友となること。すべての障害児が，世界の中で孤独を感じないようにすることです。(Tranh, 2015年11月19日)

　1日目のワークショップは，コーディネーターが発言を促し，さらに補助をする形で運営された。しかし，7名中2名はまったく発言がなく，別の2名も1回発言しただけだった。9日目のワークショップでは，「熟達者」から催促されることもなく，全員が複数回にわたって発言している。内容も，障害をもつ子どもたちと直接触れ合ったボランティア活動に基づき，思い思いに考えた発言となっていた。筆者はこの変化を，国際ワークキャンプの参加者が，周辺的参加者から変化を遂げたこ

とを明らかにする情報としてとらえている。9日目，参加者は「実践共同体の十全参加者」としてワークショップに参加し，自身の体験をふまえながら発言ができるように変化していたのである。

「新参者は，これら熟練者のなかに自分自身の将来像を見ることになり，自分自身もいずれは熟練した成員になりたいという思いが学習の動機となる」（窪田，2011）とあるように，大井はベトナム人コーディネーターのチャン（Tranh）の身振り手振りを真似つつ，大勢の生徒の前で堂々と振舞うようになっていった。また，チャンが障害をもつ子どもの隣にただじっと座ってすごしたり，わざと大胆な動きをして子どもとふざけあっていたりしていたように，井上はそれぞれの子どものリズムに合わせて時間を共有するようになった。チャンの活動中の「あり方」から，参加者は各々学習の要素を吸収していたのである。

本プログラムの応募に際して，語学力は問われていなかった。ほとんどの国際ワークキャンプがそうであるように，片言の英語と，伝えたいという熱意が重視されるからである。実際には，最初に参加者全員が感じる言語の壁は厚い。しかしながら，実践共同体としての取り組みは，参加者の学習意欲に火をつけることとなった。中村は，少しでも意思疎通を図ろうと，文化紹介の際にはベトナム語でプレゼンテーションを行った。国際社会で意見交換の基本的ツールである英語の必要性を実感した参加者は，帰国後，語学学習への意欲を口々に語ってもいる。

> 今日は，ダイさんと仲良くなれた。タムとも英語でいっぱい話せた。少しずつ，ベトナム人たちと話せているのがうれしい。1日目は英語が怖くて，話せない，聞けないで怖いことだらけだったけど，コミュニケーションが取れるようになってうれしい。少しだが，英語に積極的に触れるという目標が達成できた。（井上，2015年3月3日）

> 大学生との交流がここまで盛り上がって楽しめるとは，自分でも思わなかった。何よりも英語でコミュニケーションが取れたことが自分の成長にもつながるし自信が持てた。日本語をしゃべる人に会うと嬉しく感じる，だから自分ももっと英語を頑張りたいと思った。（西村，2015年3月7日）

窪田（2011）が「状況的学習でのカリキュラムは参加者自身により作られて行く」と述べたとおり，国際ワークキャンプの参加者は共同体としての生活をとおした実

践により，各々の状況から何を学習するかを選びとっていったといえる。

3 結　論

　国際ワークキャンプにおける参加者が，段階を経てレイヴとウェンガーのいう十全参加へと至るプロセスをみてきた。要約すれば，次のようになるだろう。

　まず，「大学生になったのだから，何かをやってみたい」という特別な経験を望む好奇心が出発点である。その一方で，彼らの多くは，自分にそれほど自信をもってはおらず，期待と不安が混じりあった状態である。そして出発準備に取り組みつつ，現地の生活への不安をさらに覚えるようになる。ベトナムでの活動が始まると，新たな環境のなか，日常とのギャップに一喜一憂する。ここまでが第一フェーズ，つまり周辺参加の段階である。ワークキャンプでは，常識を覆され，日常の習慣を諦め，生活水準やパーソナルスペースの一時的な変更を余儀なくされる。しかし共同生活のなかで自分の役割を担い，子供たちとのコミュニケーションを図っていくなかで，自分が誰かの役に立てるという自己肯定感を獲得する。すなわち，参加者のプログラムに対しての関わり方が第二フェーズ，つまり十全参加段階へと変化していくのである。

　NICE の実践する国際ワークキャンプでは，コーディネーターが熟達者として寄り添うことが，参加者の状況学習が展開するきっかけとなっている。参加者は語学等の苦手意識を払拭し，新しいことへ挑戦するハードルを下げ，普段とは違う非日常の自分像を作り上げていく。それらの学びのプロセスが実現されると同時に，国際ワークキャンプ受け入れ地域の課題が解決されるようボランティアワークを進めるのが NICE の役割である。参加者と受け入れ地域，どちらにとっても意義のある活動となるように，コーディネーターを含む NICE の担当職員は，現地 NGO やコミュニティと綿密に計画準備を行い，国際ワークキャンプを開催する意義の理解を深める活動を積み重ねている。また，コーディネーターは状況に合わせてプログラムの行程の組み換えを行い，参加者の作る共同体がより強く団結し，自立し，発展していくことを促している。旅程を事細かに組み定められたスケジュール通りに運営していては，得られない学びもあるのではないだろうか。さて，コーディネーターによる運営の課題としては，帰国後の活動の発展や継続についてであり，参加者が自発的に報告会やチャリティ活動を行う際は，大学の担当者との密な連携が不可欠であった。現地で行う総括では，「帰国後，実用的な英語をもっと勉強したい」

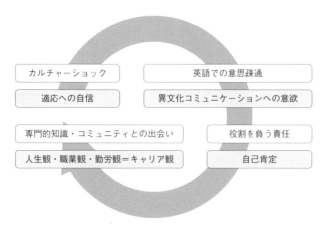

図 4-2　NICE の国際ワークキャンプによる行動変化と要因（筆者作成, 2017 年）

「日本の歴史や諸外国との関係について知りたい」と学習意欲を示した参加者もいた。参加者が体験をもって自ら設定した新たな目標を実現するために，帰国後の関与が発展される必要がある。

最後に，国際ワークキャンプにおける行動の変化とその要因を 4 点にまとめて，本章を終わることとしたい。図 4-2 はそれを図示したものである。

（1）異文化でカルチャーショックを受けた参加者は，戸惑いや驚きにより自己分析を進める。環境に少しずつ適応していくことで成功体験を重ね，自信を深めていく。
（2）共同生活のなかで役割を担い，コミュニケーションを図っていくなかで，アイデアの提案や責任を果たすことによる自己肯定感を獲得する。
（3）ワークを通じて出会うコミュニティやリーダーの人物像から学んでいく。課題解決に向け獲得する専門的知識や技能は，自分自身の将来像につながるキャリア観の芽生えを引き出す。
（4）異なる言語を使用する相手と，英語での意思疎通が不可欠な環境に身をおくことにより，積極的な異文化コミュニケーションへの意欲を高めていく。

個の特性を生かし，集団内の相互行為を繰り返すことで，国際ワークキャンプの参加者はチームとなり，実践共同体となる。たった 2 週間ではあるが，濃密な時間

04　NGO（NICE）による国際ワークキャンプ　*93*

を過ごすうちに，共同体に帰属する個人は十全参加者と変容する。彼らはプログラム終了後，次の場を求め，「自分事」になった社会課題や経験による学びの発信者となっていくのである。

【引用・参考文献】

奥野信行（2013）．「新卒看護師の看護実践コミュニティへの参加過程における学びの経験―正統的周辺参加論の視点によるエスノグラフィック・ケーススタディー」『京都橘大学研究紀要』*39*, 100（241）–76（265）.

木村淑惠（2014）．「EPA 看護師に見る正統的周辺参加―病棟勤務の継続を支えるもの」『桜美林言語教育論叢』*10*, 157–172.

窪田光男（2011）．「「状況的学習論」再考―教育実践と研究への新たな可能性」『言語文化』*14*（1）, 89–108.

国立青少年教育振興機構（2007）．「2006 全国ワークキャンプセミナー報告書」〈http://www.niye.go.jp/kikaku_houkoku/upload/project/753/753_5.pdf（最終閲覧日：2014年 3 月 29 日）〉

高野利雄（1999）．「ボランティア・ワークキャンプによる自己肯定感の成長をめぐる一考察」『日本教育心理学会総会発表論文集 』*41*, 396.

竹内一真（2013）．「実践を通じた教育における伝承者による伝え方と世代間の語りの関係性―正統的周辺参加における十全的参加者による経験を伝えるということ」『京都大学大学院教育学研究科紀要』*59*, 625–637.

レイヴ, J.・ウェンガー, E. ／佐伯　胖［訳］（1993）．『状況に埋め込まれた学習―正統的周辺参加』産業図書

◆コラム④：青年が変われば，世界が変わる
CFF の人材育成

認定 NPO 法人 CFF ジャパン（以下 CFF）は，二つの活動の柱をもっている。

(1) 世界・社会の末端で厳しい立場にある子どもたちを支援する。
(2) 上の活動を通して，世界・社会の構造を担う次の世代＝青年を育成する。

　主たる活動は，フィリピンとマレーシアでの児童養護施設「子どもの家」の建設および，その運営を支援するワークキャンプの実施である。荒れ地を一から開墾し，建物の建設や土地の整備を手作業で行う活動に，これまで 3800 人以上の日本人の青年が参加してきた。
　近年，CFF 独自のプログラムに加えて，大学との共同企画も増えつつある。本書でいうところの海外体験学習が多様化し，大学のなかで制度化されていくなかで，私たちのような国際ワークキャンプを実施する NGO と大学の協働は，今後ますます増えていくことが予想される。NGO のみでプログラムを実施するだけでなく，大学とともにお互いの特性を活かし合うことで，内容や参加者の幅を広げていけるのは CFF にとっても有意義なことである。しかしながら，そこで育成が叫ばれている「グローバル人材」は，私たちが日々向き合っている一般的な青年の実像から，ややかけ離れているのではないかという気もしている。
　グローバル人材の一般的な定義は，「異文化間のコミュニケーション能力や問題解決能力を有し，グローバル化する社会的課題に取り組むことのできる人材」ということになるだろう。そして具体的には，英語を武器にさまざまな知識を貪欲に取り込み，ビジネスのために世界各地を飛び回る，そういった華やかなイメージが先行しがちではないだろうか。もちろん，そのような「できる人」を伸ばしていく教育も大切だろう。しかし，CFF が常日頃向き合っている「ふつうの青年」の特徴はどうだろうかといえば，実際には彼ら彼女たちの多くが，自身の内面に課題を抱えていることに気づかざるを得ない。
　より具体的には，彼らのなかには「自己肯定感が低く，自分のことが嫌い」という傾向が比較的顕著にみられる。これは「承認体験がとぼしい」ことからきており，「人に必要とされたい，役に立ちたい」という意識は切実である。しかし同時に，「周囲の評価を気にしすぎる」「自分の意見を言えない」「人づきあいが苦手で，人を信じることができない」といったことで悩んでいる様子もみてとれる。このような現代日本の青年像は内閣府の調査からも裏づけられており，諸外国に比べ「自己肯定感や社会参加に対する意識が低い」という結果が出ている。
　このような「ふつうの青年」たちがプログラムに参加することで，どのように

変わっていくのだろうか。参加する段階で，彼らはなんとなくではあるが「自分を変えたい」と思っている。そして，自分とタイプの違う参加者や，現地の人々と交わる非日常の共同生活に放り込まれる。さらに，現地で出会う子どもたちの姿に衝撃を受け，自分には何ができるのだろうと自問しながら，地域の課題にボランティアとして取り組んでいく。

　みんなで力をあわせて作業をしていくには，時に反発しつつも，互いの意見に耳を傾け，対話を重ねながら合意形成していくことが欠かせない。言葉が話せなければ，身振り手振りで意思疎通を懸命に図っていかなければならず，これによって自分の殻を破っていくのである。そして，ボランティアワークとふりかえりを繰り返すことによって，他の参加者と向き合うとともに，自分の人生や他者との協働において大切なことについての考えが深まっていく。

　ここで重要なことは，CFF のワークキャンプのなかで，参加者は自分自身が他者から「受け入れられる」「感謝される」「ケアされる」という体験を経ることである。これにより自らも他者を「受入れたい」「感謝したい」「ケアしたい」という気持ちになっていく。単なる体験ではなく，自分事としての気づきを得る契機が生じ，自分自身が認められることによって，あらためて本当の意味で自分以外の人のために，そして社会のためにも生きたいという気持ちが生じてくるのである。

　以上のように，CFF のプログラム参加者は，異なる環境のなかで，新しく知り合った仲間たちと協力しながら，地域の課題解決に取り組んでいく。そして，集団や社会における自身の価値を確立し，他者と協働し，社会課題の解決に向かって自ら行動できる人材へと自己変容を遂げていくのである。ここには，先の「グローバル人材」と重なる面もあるが，自分自身を確立するというプロセスが，大多数の「ふつうの青年」にとってまずは最も重要な基盤であることを確認しておきたい。

　このように「ふつうの青年」が変わっていくこと，育っていくことによって社会を変えることができると私たちは考えている。自身の内面にある課題と向き合っている彼らだからこそ，他者や社会の痛みを自分事としてとらえ，誰もが未来に希望をもてる社会が築いていけると信じている。

（石井丈士）

05 海外体験学習における リスクの共有化と課題

齋藤百合子

1 はじめに：リスク管理からリスク・コミュニケーションへ

　近年，大学教育において，海外留学だけでなく，国際交流や海外ボランティア，さらに海外でのインターンシップなどの教育プログラムが活性化している。海外で経験する外国語や文化に触れる異文化体験が，そうした教育プログラムに参加する学生を刺激し，学びに繋がり，変容を促す効果も指摘されている（子島・岡島，2015：居城他，2014）。

　しかし現代はテロ，自然災害，感染症などリスク要因が多い[1]。教育機関は，不測の事態に備え，またリスク管理として，参加者に海外旅行保険を加入させたり，事前学習やオリエンテーションを実施したり，安全情報を確認したりする。不幸にもプログラム実施中に事故や災害に遭遇すれば，学内・学外の関係者らと連携をとって学生の安否確認を行うこととなる（大橋・斎藤，2007）。こうしたリスクに対応するために，マニュアルやハンドブックを作成して危機管理に対応する大学も増

---

1) 2015年から2016年の2年間に発生した主なテロや自然災害，銃乱射事件だけでも，2015年8月にタイの首都バンコク，2015年フランスの首都パリ，2016年1月にインドネシアの首都ジャカルタ，2016年6月トルコの首都イスタンブールで死傷者が出る爆弾テロが発生した。また2016年6月には米国オーランドで銃乱射事件，7月にはダッカでの襲撃事件，9月にはニュージーランドでマグニチュード7.1の地震，イタリアでも8月と11月に巨大地震が発生している。筆者が担当している2015年のField Studyプログラムはタイを渡航先としているため，実施の可否および現地での行動についての安全確認を周到に行う必要があった。結果，学生一名が保証人の意向で参加を辞退した。さらに2016年のニュージーランドの地震の際は短期プログラムで渡航していた本学学生の安否確認を大学の国際センターが行った。

加している[2]。2014 年度に大阪大学グローバルコラボレーションセンターが実施した現状調査[3] は，海外旅行保険加入などのリスク管理体制は整いつつあるものの，リスク発生時の学内体制に不安や課題があることを指摘している（大橋他，2016）。

　では，リスクに満ちた時代および社会における大学教育での海外体験学習をどのように構築したらよいのか。本章では，リスク・コミュニケーション[4] によるリスクの共有化について考えたい。

　リスク・コミュニケーションには，以下のような二つのアプローチがある。第一のアプローチは，従来のリスク管理に代わるリスク・コミュニケーションである。大学における海外体験学習プログラムでは，学生の生命と安全を第一義とする大学

2）たとえば東京大学，西南学院大学など。

3）独立行政法人日本学生支援機構（JASSO）による 2013 年度留学生交流支援制度（短期派遣）採択プログラムの実施大学を対象とした。本書第 8 章の「海外渡航時のリスク管理」に掲載されている。

4）リスク・コミュニケーションとは，日本では 2011 年 3 月 11 日の東日本大震災による津波被災と福島第一原子力発電所の事故発生および近年の相次ぐ食品偽装事件の発覚などが契機となって注目されている言葉および概念である。リスクは，リスク情報を発し，規制・管理する「統治者」側と，情報を受け取る側，いざリスクが発生したときにはリスクを引き受けざるを得ない「当事者」側の間にリスクにおける権限と責任および被害の非対称性が存在する。またコミュニケーションが円滑でなく，信頼関係が醸成されないところではリスクの対応に障害が生じてしまうとの反省から，教育現場での防災教育に責務を負う文部科学省や食品衛生を管轄する厚生労働省，取り扱う化学薬品取扱を含む企業や地域社会の安全を管理する経済産業省，化学物質に関するリスク・コミュニケーションを推進する環境省などもホームページでリスク・コミュニケーションを提唱している。行政は，リスク・コミュニケーションをひとつの単語として取り扱うためにリスクとコミュニケーションの間に「・」をいれないが，本章は「リスク」について「コミュニケーションをとる」という二つの単語が連結したものと考えているため，「・」をいれて，リスク・コミュニケーションと表示する。文部科学省「リスクコミュニケーションの推進方策」〈http://www.mext.go.jp/b_menu/shingi/gijyutu/gijyutu2/064/houkoku/__IcsFiles/afieldfile/2014/04/25/134/292_1.pdf（最終閲覧日：2016 年 11 月 1 日）〉；厚生労働省「リスクコミュニケーション」〈http://www.mhlw.go.jp/topics/bukyoku/iyaku/syoku-anzen/riskcom/01.html（最終閲覧日：2016 年 11 月 1 日）〉；経済産業省「リスクコミュニケーション」〈http://www.meti.go.jp/policy/chemical_management/law/risk-com/r_index2.html（最終閲覧日：2016 年 11 月 1 日）。〉；環境省『報道発表資料「自治体のための化学物質に関するリスクコミュニケーションマニュアル」について』（平成 14 年 11 月 19 日）〈http://www.env.go.jp/chemi/communication/index.html（最終閲覧日：2017 年 1 月 9 日）〉。

98

側のリスク管理・安全管理を深める必要があるだろう。しかし，大学側から学生への一方的な情報提供だけでは，情報を受け取る側である学生の当事者意識はなかなか芽生えない。そこで，海外での教育プログラムに参加する学生たちが，身の周りに発生する可能性があるリスク——たとえば飲食や気候，時差の変化による体調不良，盗難などの軽犯罪，治安などの注意喚起——について主体的に認識し，対話や議論などを通して対応策を講じる必要が生じてくる。これがリスク・コミュニケーションの考え方である。

第二のアプローチは，より大きくグローバルな問題を題材にしたコミュニケーションや学びである。環境リスク（気候変動や地球温暖化による暴風雨，台風の発生），近年活性期に入っているという自然災害リスク（地震や噴火），感染症リスク（HIVエイズや新型インフルエンザ），そして貧困や紛争などといった社会の不均衡・不安定リスクについて考え，議論を促していく。このリスク・コミュニケーションアプローチは，リスクを基盤とした学び（Risk Based Learning）とも呼ぶことができよう。

本章は，大学教育における海外体験学習におけるリスク・コミュニケーションの可能性と課題を明示することを目的とする。まず海外体験学習におけるリスクおよびリスク・コミュニケーションとは何かを検討する。その上で，筆者が担当する明治学院大学国際学部の選択科目「フィールドスタディ」におけるリスク・コミュニケーションの実践事例を紹介し，その可能性と課題を提示する。

2 現代のリスク社会とリスク・コミュニケーション

2-1 リスク・コミュニケーションの経緯と定義

リスク・コミュニケーションという考え方の契機は，1970年代の米国でのリスクに対する対応に遡る。その時期，公害や放射能の健康被害[5]，食品や飲料水の添加物が健康に及ぼす影響，HIVエイズなど感染症に関する情報をめぐる不信感などが根底にあった。しかし，当時，リスク情報は専門家や行政が専門用語で発信するものであり，市民は十分な理解のないまま，どのような行動をとるかを自ら判断しなければならなかった。情報を発信する側と受け取る側が，民主的なプロセスのな

5）アメリカ合衆国におけるスリーマイル島原子力発電所事故は1979年3月28日に発生している。

05　海外体験学習におけるリスクの共有化と課題　*99*

かで相互に対話する必要が提起されてきたことがリスク・コミュニケーションという考え方の発達につながった。1989 年には，National Research Council（NRC）が，リスク・コミュニケーションを「個人・機関・集団間での情報や意見のやりとりの相互作用的過程」と定義した（National Research Council, 1989: 21）。しかし，NRC のリスク・コミュニケーションは，リスクに対する人々の不安感や態度を変容させることまでを目的としていなかった。

　日本でリスク・コミュニケーションの重要性が指摘されるようになったのは，1995 年に発生した阪神淡路大震災 [6] や 2000 年代の食品偽装問題などの発覚からである。2011 年の東日本大震災では，津波被害や放射能汚染など，政府が発信するリスクや避難に関する情報が市民生活に大きな影響をもたらした。木下は，リスク・コミュニケーションを「対象の持つ情報，ことにリスクに関する情報を，当該リスクに関係する人々に対して可能な限り開示し，たがいに共考することによって，問題解決に導く道筋を探る社会的技術」と定義し，リスクを共に考え，問題解決に道筋を探ることの重要性を訴えている（木下, 2008: 9-10）。

　日本でもリスク・コミュニケーションやリスク管理などが多方面で取り上げられるようにはなってきた。しかし，行政や企業がこれまでの広報に代わる有効な説得技法としてリスク・コミュニケーションと捉えがちであること，公聴会などを開催しても相互に対話するより，最初から結論ありきの説得となっていることなど，リスク・コミュニケーションが曲解されて捉えられている現状も指摘されている（木下, 2008: 9）。

　また，藤原はリスク社会を「大きな社会」と「小さな社会」にわけて認識し，具体的にリスクに対する社会認識を進める手法や可能性について論じた（藤原, 2013）。本章は藤原のリスク社会を認識する手法および考え方を援用し，リスク・コミュニケーションを次のように定義する。「私たちがリスク社会に生きていることを前提として，社会のリスクや身の回りに起きる可能性のあるリスクについて主体的に情

6）原子力など科学技術リスクにおけるリスクコミュニケーションを推進した大阪大学原子力技術リスク C3 プロジェクトでは日本で本格的にリスクやリスク・コミュニケーションが取り上げられるようになってきたのは，1995 年 1 月 17 日に発生した阪神淡路大震災だと指摘している。また文科省は，リスク・コミュニケーションという言葉が使われ始めたのは 2011 年 3 月 11 日の東日本大震災時の福島原子力発電所事故を契機とし，科学技術の専門家らからは原子力発電所事故のリスクに関する知見や科学技術の限界，また不確実性を踏まえた適確な情報が提供されなかった反省から生まれた，としている（文部科学省, 2014）。

報を収集し，把握し，リスクについて共に考え，リスクを予防し，リスクを削減し，発生しているリスクに関しては問題解決に導く道筋をつくるための社会的技術である。また，リスク・コミュニケーションはリスクを通して世界や国家など公共圏が認識する「大きな社会」と，より親密圏である個人などの「小さな社会」のリスクを架橋し，親密圏を超えて公共圏のリスク課題を考える市民教育を促すアプローチのひとつである」。この定義の主要な点は，海外体験学習におけるリスク・コミュニケーションが，単に大学プログラムに参加する教職員と学生のリスクや安全確保だけでなく，訪問先の国や社会が抱えているリスクについて共に考えることで親密圏と公共圏の関連性に気づき，グローバルな社会での個の役割について考える可能性を提起できることである。

2-2 リスク・コミュニケーションの類型枠組み

そのまえに，リスク・コミュニケーションの枠組みを考えよう。文部科学省は，リスク・コミュニケーションを，アクター，目的，フェイズ，ハザード種別，時間スケール，空間スケール，社会スケール，知識の不定性に類別している。それぞれに時間軸，地域的な空間軸も入れ，リスク・コミュニケーションの段階がわかるような枠組みを，以下のように図式化している（図5-1）。

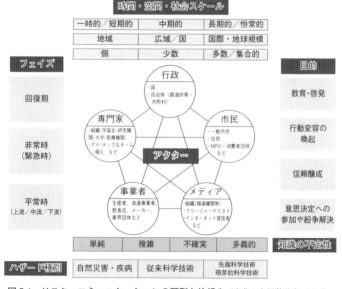

図 5-1 リスク・コミュニケーションの類型と枠組み（出典：文部科学省，2014）

05 海外体験学習におけるリスクの共有化と課題　　*101*

表 5-1　大学教育における海外体験学習時の身の回りに想定されるリスクの枠組み（出典：筆者作成）

アクター	学生，引率教員，学部教員，大学，学生保証人
準アクター	受入先機関，訪問先で会う人々，旅行代理店，大使館，病院など
ハザード（リスク）種別	自然災害，疫病など
フェイズ（リスクの時期）	平常時から非常時
知識の不定性	複雑，多義的
時間スケール	一時的，短期的
空間スケール	日本および海外
社会スケール	比較的少数の集団
目　的	教育・啓発，行動変容の喚起，信頼の醸成

　この枠組みを，海外体験学習における身の回りのリスクに適用すると，表5-1のように捉えられる。

　すなわち，中心的なアクターは学生，引率教員，学部教員，大学，学生保証人で，準アクターは受入先機関，訪問先で会う人々，旅行代理店，大使館，病院などである。また予想されるハザード（リスク）は自然災害や疫病で，リスクの時期であるフェイズは，主に平常期，そして非常時を想定したものとなる。また知識の不定性としては，複雑そして多義的である。時間・空間・社会スケールは，それぞれ短期・日本と海外・比較的少数の集団である。そして目的は，教育・啓発，行動変容の喚起，信頼の醸成とリスクの枠組みが想定できる。

　次に，事例として，2016年9月に実施したタイとミャンマーにおけるフィールドスタディの準備授業，および現地でのリスク・コミュニケーションを取り上げる。これは筆者が実際に担当・引率したものである。

3　フィールドスタディにおけるリスク・コミュニケーションの事例

　明治学院大学国際学部には国際学科と国際キャリア学科の2科目があり，「Field Study」は両学科の2年生以上に開講されている選択科目である。春学期に事前学習として「Field Study Seminar」（2単位）を履修し，夏季から休暇中に10日間の日程でフィールドスタディを実施する。そして秋学期に，事後授業としてレポートの執筆，報告書の作成，報告会の実施などを経て「Field Study B」（2単位）を取得

102

表 5-2　フィールドスタディの日程

	主なスケジュール	学びのポイント
9月5日	タイ, バンコク到着。ナコンラチャシマ県の仏教修行施設へ。	上座部仏教
9月6日	上座部仏教修行実践, バンコクへの帰路アユタヤへ。	仏教, 歴史
9月7日	バンコクでJICAの人身取引被害者支援事業の国際協力事業および被害当事者の自助団体のレクチャー。	国際協力, タイ, 人身取引被害者
9月8日	チェンライに移動。ミャンマーからの移民やストリート・チルドレンの背景を学ぶためにNGOスタッフの案内で国境2か所を見学し, チェンマイに移動。	移民, 国境
9月9日	チェンマイでミャンマー人（主にシャン民族）支援NGO訪問。チェンマイ動物園に寄った後, ストリート・チルドレン自立のためのドーデックギャラリー訪問。	移民支援団体, ストリート・チルドレン, 自立
9月10日	チェンマイからミャンマー, ヤンゴンに移動。日本語学校（技能実習生研修所）訪問, ミャンマー政治経済専門家のレクシャー。	技能実習生, ミャンマーの政治経済
9月11日	トリニティ・カテドラル教会の青年らと交流および教会の歴史を学ぶ。市場, シュエダゴン・パゴダ見学。	太平洋戦争の歴史, 文化
9月12日	NGOの人身取引対策事業を学ぶ。午後, 聴覚障害児学校で文化交流。	ミャンマーの人身取引, 障害者
9月13日	ラインタヤー地区（スラムと呼ばれる）でミャンマーの青年たちとサービスラーニング（高齢者の家屋修復）。	スラム
9月14日	ヤンゴン大学で学生らと交流。ふりかえり。帰路。	学生交流
9月15日	日本到着。	

できる[7]。2016 年度は両学科から 10 名（男子 2 名, 女子 8 名）が参加した。春学期の事前授業では,「人の移動」をテーマに, ストリート・チルドレンや人身取引などの社会問題, 人の移動の要因である貧困や格差について学ぶとともに, フィールドスタディ中に想定されるリスクについて話し合った（リスク・コミュニケーション事例1）。さらに, 日本に在住しているタイ人の自助組織 TAWAN（以下, タワン）を迎えて, 健康リスクに関するワークショップを実施した（リスク・コミュニケーション事例2）。そしてフィールドスタディ（2016 年 9 月 5-14 日）の間に, 学生たちの行動の変容が確認することができた（リスク・コミュニケーション事例3）。これら三つの事例を記していく。

---

7) なお, 期間が 14 日以上のフィールドスタディは「Field Study A」として 4 単位が配当されている。

05　海外体験学習におけるリスクの共有化と課題　*103*

3-1　リスク・コミュニケーション事例1：事前事業でのリスクの把握と分析

　事前授業では，海外でのフィールドスタディ中に想定されるリスクについて話し合い，考える機会を設けた。学生たちがリスクと考える事項は，健康，治安や社会情勢，事件や軽犯罪，そして事故に関することだった。特に，2016年のラマダン月（6月上旬からの1か月間）に発生した事件は，海外でのリスクを考える際の大きな脅威となっていることがわかった（表5-3）[8]。6月から7月にかけて発生したテロ事件については，頻繁に報道されていた。これらのニュースに接することで，学生たちは海外で実施されるフィールドスタディに不安を感じていた。

　次のステップは，それらのリスク（不安）に対する情報を収集し，話し合うことである。どのように対応すべきか，またどのような点に注意を喚起し，行動を変容したらよいのかを話し合い，対応策を練った。

表5-3　事前授業のリスク・コミュニケーションで認識されたリスク（不安）とその対応
（出典：授業での話し合いをもとに筆者作成）

リスク	内　容	対　応
健　康	病気（下痢），感染症（デング熱，ジカ熱など）	外務省安全HPや厚労省HP，海外の新聞を含むメディアの記事から調べる。
治安や社会情勢	①ISILによるテロ，治安状況（タイ南部のテロ，ミャンマーのロヒンギャ問題）②タイ国王の体調（体調如何による社会不安の可能性）	外務省安全HPや海外の新聞を含むメディアの記事から調べる。
事件や軽犯罪	窃盗，強盗	外務省安全HPや担当教員のこれまでの知見から実例を提示。
事　故	交通事故（自動車，航空機など）	外務省安全HPや担当教員のこれまでの知見から実例を提示。

8) 外務省は2016年5月30日に「イスラム過激派組織によるラマダン期間中のテロを呼びかける声明の発出に伴う注意喚起」を海外安全ホームページに掲載していた（外務省海外安全ホームページ〈http://www.anzen.mofa.go.jp/info/pcwideareaspecificinfo_2016C153.html（最終閲覧日：2016年11月2日）〉）。2016年のラマダン時期に発生したテロおよび襲撃事件は，6月12日にフロリダのナイトクラブで銃乱射（49人死亡），20日アフガニスタンの首都カブールで自爆テロ（14人死亡），28日トルコの首都イスタンブールの空港で自爆テロ（44人死亡），28日マレーシアの首都クアラルンプール郊外のナイトクラブに手投げ弾が投げ込まれる（8人負傷），7月1日バングラデシュのダッカでのテロ（日本人含む22人が死亡），3日イラクの首都バグダッドで爆発（213人死亡），4日サウジアラビアの聖地メディナやモスク近くで爆発（4人死亡）である。

学生が提起したリスクに対して，資料調査および担当教員からの情報提供を含め，健康管理，事件や軽犯罪から身を守る，参加者が可能な交通事故予防は以下の理解が促進され，表5-4 に示す行動が期待された。期待される行動とは，リスクに関して一方的に情報を与えて行動を促すのではなく，当事者であるプログラム参加学生が主体的にリスクを認識し，情報収集の上で分析し，自覚した行動である。リスク・コミュニケーションのプロセスを経た上での行動は，一方的なリスク情報や安全管理情報よりも実現可能性が高いと考えられる。

表5-4　リスク・コミュニケーションによるリスク分析と期待される行動 (出典：筆者作成)

リスク	リスク分析	期待される行動
健康管理	①下痢には旅行者下痢症と感染による下痢がある。衛生管理は日本を基準に考えない。 ②デング熱，ジカ熱などは蚊が媒介する感染症である。デング熱感染はタイ，ミャンマーで留意すべきだが，ジカ熱の感染は少ない。 ③体調不良は疲労が要因になることが多い。	①旅行者下痢症は発生可能性が高いが，手洗いの励行，生水や氷，生野菜を食べないなど留意する。発熱や下痢の状態によっては医療機関で受診する。 ②朝シャワーを浴びる，長袖，長ズボンを着るなど肌を清潔に保つようにする。 ③睡眠，食事，排便に留意する。無理をしない。
事件や軽犯罪	①日本人が海外で窃盗などの被害に遭う背景には，若者が気軽に海外旅行できる強い経済力があるとみられていることも多い。 ②日本人とみて日本語で話しかける詐欺が発生している。	①東南アジアの人からの日本人に対する眼差しを意識する。外出時，内輪で大きな声で日本語を話すことは控える。 ②見知らぬ人からのアプローチに留意する。
事　故	①交通事故が多発している。日本の交通安全規則は，東南アジアのスタンダードではない。	①横断歩道や信号がない道を渡る際には十分に留意して渡る。車やバイクに十分留意すべき。
治安や社会情勢	①ISIL によるタイやミャンマーのテロの可能性を報じているものは少ない。しかし，JICA バンコク事務所は，夜のバンコク繁華街への外出を禁じていた。 ②ロヒンギャはミャンマー国内では非常にセンシティブな問題であることを，関係者らのヒアリングで認識した。 ③タイ国王の体調は8月，9月の段階では小康状態だった（2016年10月13日に逝去された）。	①JICA 事務所訪問後に予定していた繁華街見学を中止した。引き続き，テロの可能性を排除せず情報収集を続ける。タイ南部での政情不安も注視する。 ②ロヒンギャを現地でのリサーチテーマとしていた学生は，テーマを変更した。 ③混乱が発生したら，日本大使館，タイ現地の情報源，同行者から情報を収集して対応する。

05 海外体験学習におけるリスクの共有化と課題 *105*

特筆したい点は，治安や社会情勢の把握は，現代社会の構造や歴史文化的な背景をふまえて，より深く理解する必要があるということだ。すなわち，リスク・コミュニケーションは，地域社会を研究するきっかけにもなるのである。リスク・コミュニケーションは，リスクに対する対処方法や行動の変容を促すだけでなく，誰にとって，どんなリスクなのかを考える契機となる。たとえば，なぜイスラーム教が怖いと思ってしまうのか，世界にどれだけのイスラーム教徒がいて，どんな生活をしているのか。過激な活動を行う ISIL は，なぜ若者を惹きつけるのか。さらにこのようなリスクや不安や恐怖がなぜ発生するのか。このような問題提起は，現代社会と自己の心の動きを見つめなおす契機となる可能性を秘めている。

3-2　リスク・コミュニケーション事例２：グローバル・リスクへの対応

学生たちにとって，日本での日常生活よりも海外に旅行するときのほうがグローバルな社会のリスク，つまり「大きな社会」のリスクの課題を認識しやすい。訪問先での HIV エイズや移民について具体的に考えることは，問題を他人事ではなく，グローバルな課題として認識することを意味する。次に，実はそれが他人事どころではなく，日本でも課題となっていることを発見する。このように「大きな社会」のリスクが「小さな社会」のリスクであることを理解するためのワークショップを事前授業で実施した。

感染症リスクに関するワークショップ型のリスク・コミュニケーションは，「タワン」[9] のメンバーをファシリテーターとして迎えて実施した（タワンは，タイ語で"ひまわり"という意味であり，在日タイ人の健康を支えるボランティア活動を行っている）。

ワークショップでは，まず自己紹介とともにタワンの活動についての説明がなされた。その後，参加学生たちの HIV に関する知識・認識を確認した後，HIV 感染のリスク行動に関するゲームを行った。12 種類の職業（警察，学生，主婦など）を一人一枚ずつ持つ。同時に数本の白い糸を数名が持ち，他の職業の人と出会い，親

---

9)「タワン」は東京都や神奈川県において，HIV 感染症を含む健康に関する問題を抱えた人々を支援するタイ人ボランティアにより 2006 年 5 月に結成されたグループである。日本に住む全てのタイ人が，健康問題に関する意識をもち健康に暮らすことを目的に活動している。国際保健分野で活躍する日本の国際協力 NGO のシェア＝国際保健協力市民の会（以下，シェア）は，タワンの立ち上げに協力してきた。現在，シェアは，保健医療支援活動を，カンボジアと東ティモール，そして日本で実施している。

図5-2　HIV/AIDSを考えるワークショップ（2016年7月）

密な関係になることを想定して，糸のもう一方の端を渡す。こうした人と人の関わりを示す白い糸は，HIVウィルスの媒介の可能性を示している。何も予防をしないと，こうした糸を通じて感染は拡大していき，どこが感染の発端だったのかわからなくなってしまう。非常にシンプルなゲームだが，感染症の拡大の脅威と予防の重要性を実感することができる。

　HIV感染のゲームやワークショップを通して，学生たちは以下の4点を学んだ。第一は，HIVの危険性や予防方法について，正しい知識や理解をもっているとはいえなかったことを認識した。HIV感染というリスクについて，一方的な講義形式では知識もあいまいなものにとどまり，予防という行動の変容を起こしにくい。第二は，HIVは途上国においてより深刻であると，漠然と考えている者が多かった。しかし，このワークショップでは，タイではHIVを含めた性教育がしっかりと行われているのに，日本では中高生が学ぶ機会や提供される情報が少ないことが認識された。第三は，特に若者に対する啓発活動は，どの国でも地域でも同様に重要であることを認識した。第四は，外国からの移住者の健康の重要性である。日本で暮らす外国人が，健康維持や医療機関に関する情報へアクセスする上で，言語的な障壁ばかりでなく，在留許可による健康保健からの排除などの課題があることを認識できた。

　HIV感染を題材とするリスク・コミュニケーションは，自らの周囲にもリスクがあることを気づかせてくれる。「私たちの」地域社会の問題と，訪問先での「彼ら」の地域社会の問題は，地球規模で考えるべき課題であることを認識する契機となった。

3-3 リスク・コミュニケーション事例3：ミャンマーの少数民族ロヒンギャの問題

ミャンマーのロヒンギャ[10]問題は，民主化の象徴とされるアウンサンスーチーが事実上政権を握った後でも解決されていない人権問題である。2016年6月に，国連人権委員会がミャンマーでの人権に関する調査を実施したときも，ラカイン州に住むロヒンギャは，ミャンマー政府にとって触れられたくないセンシティブな問題だった[11]。

このフィールドスタディでは，参加学生が各自テーマを決めて，その課題に取り組むこととなっている。関係機関や施設，NGOなどを訪問しながら情報を収集し，考察し，議論して最終レポートを執筆する。表5-5は参加学生の最終レポートのタイトルである。最初にロヒンギャ問題に関心をもった学生は，その後ロヒンギャに関する情報が英語資料を読まないと得られないなどの理由でとん挫し，最終的には課題を変更した。結局，ロヒンギャ問題は個人課題とせずに，チーム全体で学ぶこととした。

ミャンマーでは，政治経済の専門家や社会事業を通して支援事業を行った経験がある団体の職員から，ロヒンギャ問題についての知見を得ることができた。特に後者は，ロヒンギャが多く住むラカイン州でソーシャルワークを実践した経験がある団体であり，現地の事情に詳しかった。これらの聞き取りを通して，ロヒンギャの移住の歴史，ラカイン州における低開発問題，差別と排除，近年の難民化したロヒンギャの虐待と殺害など，さまざまな側面がみえてきた。

---

10) 東京新聞はロヒンギャを次のように説明している。「主にミャンマー西部のバングラデシュ国境に接するラカイン州に住むイスラム教徒少数民族。1948年にミャンマー（当時のビルマ）が英国領から独立してからロヒンギャ族を自称し始めた。国連による推計で約80万人が同州に暮らし，多くが移動を制限されている。ミャンマーで9割を占める仏教徒と対立しており，2012年には同州の仏教徒との間で大規模な衝突が発生。その後，多くの避難民がボートで海を渡り国外脱出を試みるなか，転覆事故や食料不足で多数の死者を出した。国連は「世界で最も迫害を受けている少数民族」と表現している」（東京新聞2016年1月10日付）。TOKYO Web「ミャンマーの少数民族ロヒンギャに理解を　館林で住民と初交流会」〈http://www.tokyonp.co.jp/article/gunma/list/201601/CK2016011002000146.html?ref=rank（最終閲覧日：2016年11月2日）〉。

11) Radio Free Asia 2016 June 21, Myanmar Government Orders State Media Not To Use 'Rohingya'〈http://www.rfa.org/english/news/myanmar/myanmar-government-orders-state-media-not-to-use-rohingya-06212016155743.html（最終閲覧日：2016年11月2日）〉.

表5-5 学生の最終レポートのタイトル（出典：筆者作成）

タイとミャンマーにおける上座部仏教と社会の関わり	
タイと日本における人身取引事例	
国境周辺の暮らしと開発	
タイとミャンマーにおける人身取引問題の現状および今後の課題	ロヒンギャ問題から変更
ミャンマーのスラム街における考察―未来のために何ができるか	
タイとミャンマーにおける人身取引問題の現状と改善策	
スラム形成における政治的関与	ロヒンギャ問題から変更
発展途上国とは何かを考える	
ODA のインフラ整備によるタイへの影響	
Affinities and Dissimilarity via Food Culture between Japan and Thailand	

　ロヒンギャ問題については，まだ「大きな社会」と「小さな社会」の架橋ははじまったばかりである。今後も国際政治と国内政治の拮抗，難民問題，人身取引とされる搾取や虐待などの課題を考えていくことを，学生たちとその日のリフレクション[12]で確認した。

4　リスク・コミュニケーションの成果：行動の変容

4-1　健康リスク

　フィールドスタディはかなりの強行日程で移動も多い。英語でのコミュニケーションがままならないときは，疲労も激しい。しかし，2016年度のフィールドスタディは意識的にリスク・コミュニケーションをはかった成果なのか，大きく体調を崩す学生はひとりもいなかった。意識的に参加学生それぞれが体調に配慮し，疲労を感じた学生を助ける，補いあう関係を構築していた。

---

12) フィールドスタディ中は，毎晩1時間ほどのリフレクションの時間を設けた。そこでは1日に行ったことを確認し，訪問地や訪問先などについて引率教員が解説を加えたり，学生たちの疑問などをみなで議論をした。リスクに満ちた現代社会の一端を，双方向的なコミュニケーションで意見を交わした。

05　海外体験学習におけるリスクの共有化と課題　*109*

4-2　ストリート・チルドレンのリスク理解から自立を支援する活動へ

　タイ側の国境メーサイとミャンマー側のタチレクの町を一望できる小高い丘で，ストリート・チルドレンを支援する団体のスタッフ A さんから話を聞く機会があった。国境の風景を眺めながら，よりよい生活をもとめてタイにやってくるミャンマー人のことを A さんから聞いた。そしてリスクと希望が入り混じった国を超えた移住は，子どもに大きな影響を与えることを，A さんの語りから学生たちは想像力をはたらかせて捉えようとした。生後まもなく母親に連れられてタイに移住した子どもたちは，国籍も定住する家も，教育を受ける機会もなく，リスクに満ちたストリートで生活することが少なくない。

　そのようなストリート・チルドレンを支援する NGO の努力で，子どもたちが自立のために手工芸品を作って販売する店がある。そこで働く女の子たちのストーリーと国境の風景は，何人かの学生たちに何かの刺激を与えた。帰国後，学生の 1 人はクラウドファンディングで，この店の新しいミシンのための資金を募る計画を立てた。他の参加学生らの協力を得ながら，自発的に考え，実行しようとしている。

　移民排除はグローバルな問題となりつつある[13]。日本では移民を支援したり共生をめざす市民活動が生まれつつあるが，まだまだ外国の出来事，つまり「他人事」としてとらえる人たちも少なくない。その「他人事」だった出来事を，自分には何ができるかを考え，「自分事」として考えるという行動の変容がみられたのである。

---

13) スイスの民間のシンクタンクの世界経済フォーラムはリスクを経済的，環境的，地勢的，社会的，技術的なものに分けて提示している。2016 年版グローバル・リスクでは，今後浮上するだろうリスクの筆頭に非自発的な移住を選んだ。天候不順，気候変動対応の失敗，地域紛争，自然の猛威が次に続いている実現しそうなリスクおよび影響の大きいリスクそれぞれの上位 10 のリスクを公表した（World Economic Forum, 2016）。

14) 藤原は「リスク社会と社会科公民教育─社会認識の課題と「社会に生きる」授業」（2013）において，現代社会がリスク社会であることをベックのリスク社会理論などから認識し，その対応として世界や国家など「大きな社会」によるもの，地域，教育，家庭，労働，個人の生き方の変容といった「小さな社会」によるものと指摘した。その上で，「小さな社会」である親密圏と「大きな社会」である公共圏を架橋する社会科教育，つまりはシティズンシップ教育の必要性を論じた。

15) 濱名によるジェネリックスキルの定義は次のとおりである。「1) コミュニケーション力，2) チームワーク，3) 問題発見力，4) 問題解決能力，5) 批判的思考力，6) リーダーシップ，7) 時間管理，8) 自己管理などを含む社会で共通して求められる，<u>特定の専門分野や職種・業種にかかわりなく，大学卒業者レベルに汎用的に求められる能力，スキル，態度特性と定義する</u>」（下線は濱名による）としている（濱名, 2010）。

賛同する仲間を募り，日常生活においてチェンマイのストリート・チルドレンだった若者のことが語られるようになった。「自分事」が数人集まって「私たちの事」となり，「タイと日本に離れているが同時代に生きる私たち」の感覚が涵養されたと考えられるのである。

5 結論：リスク・コミュニケーションの可能性と課題

　以上示したように，海外体験学習では，日常から離れた，つまり親密圏からはなれた場所に赴き，人々に出会う。そして，異文化に刺激されるなかで，学生たちは公共圏での課題を考える機会を得ることになる。そこにリスク・コミュニケーションを組み合わせることで，親密圏と公共圏を架橋する可能性を広げる可能性を，本章では提示してきた。リスクを参加学生と共有することによって，学生が「当事者視点」からリスクをとらえ，その対応を市民の一員として，もしくは市民社会から考えていくことが可能になる。すなわち，リスク・コミュニケーションの活用はシティズンシップ教育[14]につながる可能性ももっていると考えられるのである。

　さらに，リスク・コミュニケーションによるリスクの共有化には，大学学士課程で求められているジェネリックスキル[15]の醸成を促進するという意義もある。これまでみてきたように，コミュニケーション力やチームワーク，問題の発見とその解決，時間管理や自己管理など，社会で共通して求められる能力やスキルを，リスク・コミュニケーションを通して高めていくことが可能である。

　大学教育における海外体験学習にリスク・コミュニケーションを取り入れることは，今まさに始まったばかりである。リスク社会における教育プログラムの質と安全性を高めるためにも，その実践の共有や手法の改善を今後いっそう検討していく必要があるだろう。

【引用・参考文献】

東　廉 (1998).「訳者あとがき」ベック, U.／東　廉・伊藤美登里［訳］『危険社会―新しい近代への道』法政大学出版局

居城勝彦・中山京子・織田雪江 (2014).「スタディツアーにおける学びと変容―グアム・スタディツアーを事例に」『国際理解教育』20, 51-60.

大橋一友・敦賀和外・本庄かおり・安藤由香里・片山　歩 (2016).「大学における学生海外渡航時のリスク管理―リスク管理に関する質問紙調査からみる日本の大学の現

状と課題」『ウェブマガジン 留学交流』*160*, 12–22.

大橋正明・斉藤百合子（2007）.「大学主催の海外体験学習プログラムにおける危機管理（リスクマネジメント）」『大学教育における海外体験学習の可能性と課題―危機管理事例を中心に』, 6–8.

環境省（2013）.「水俣病の教訓と日本の水銀対策」〈http://www.env.go.jp/chemi/tmms/pr-m/mat01.html（最終閲覧日：2017年1月9日）〉

木下冨雄（2008）.「リスク・コミュニケーション再考―統合的リスク・コミュニケーションの構築に向けて（1）」『日本リスク研究学会誌』*18*(2), 3–22.

子島　進・岡島克樹（2015）.「海外体験学習の多様性と可能性―これまでの10年・これからの10年」『国際地域学研究』*18*, 65–76.

濱名　篤（2010）.「汎用的なスキルに関する概念整理とその育成・評価手法の探索」『学士課程教育のアウトカム評価とジェネリックスキルの育成に関する国際比較研究』（平成19-21年度科学研究費補助金　基盤研究（B）課題番号19330190（研究代表者：濱名　篤）

藤原孝章（2013）.「リスク社会と社会科公民教育―社会認識の課題と「社会に生きる」授業」『社会科教育研究』*119*, 80–89.

ベック, U. ／東　廉・伊藤美登里［訳］（1998）.『危険社会―新しい近代への道』法政大学出版局

ベック, U. ／山本　啓［訳］（2014）.『世界リスク社会』法政大学出版局

文部科学省（2014）.「リスク・コミュニケーションの推進方策」〈http://www.mext.go.jp/b_menu/shingi/gijyutu/gijyutu2/064/houkoku/__icsFiles/afieldfile/2014/04/25/1347292_1.pdf（最終閲覧日：2017年7月3日）〉

Beck, U.（1992）. *Risk society: towards a new modernity*. London: Sage Publications.

National Research Council（1989）. *Improving risk communication*. Washington DC: National Academy Press.

World Economic Forum（2016）. *The global risks report 2016, 11th edition*. 〈http://www3.weforum.org/docs/GRR/WEF_GRR16.pdf（最終閲覧日：2017年10月21日）〉

第2部
マネージメントと評価

06 大学教育における海外体験学習が受入側に与える影響

カンボジアの事例から

岡島克樹

1 はじめに：問題の所在と本章の目的

　大学教育において実施されている海外体験学習の目的は，多様な形で設定されている（大学教育における「海外体験学習」研究会, 2005; 恵泉女学園大学, 2008）が，概ね，学生が自分と価値観をほぼ同じくする人々が集まる親密圏から出ることによって生れる知識・態度・スキル上の変化をねらったものである。その目的を達成するために行われる実際の体験の内容はさらに多様であるが，その学生による親密圏の脱出という行動ゆえに，海外体験学習は，他者との相互作用を伴い，その他者に対して何らかの影響を与えるものである。この海外体験学習の受入側に与える影響という問題は，以下の二つの理由から，看過できるものでなくなってきている。

　第一に，後にも言及するように，学生とその他者とのあいだの関係はかならずしも平等なものではなく，むしろ非対称性を特徴とするものである（恵泉女学園大学, 2007）[1]。そうしたなかで，大学教育におけるそれとはかぎらないものの，すでに

---

1) 最近，（大学ではなく）NGO が実施する同種のプログラムに関する長年の研究成果をまとめた冊子（スタディツアー研究会, 2016）が発行され，そこには「受入コミュニティへ与える影響」と題する章が設けられている。この章にある記述の特徴の一つは，この非対称性がどのようにして生まれるのか，そのメカニズムを，関係者分析をつうじて明らかにしているところにある。これによれば，日本側には「実施団体」（NGO）と「参加者」，受入側には「パートナー団体」（実施団体の現地支部や現地パートナーである開発機関（NGO や政府機関））と「コミュニティ」という関係者がいるが，「実施団体」「パートナー団体」間や「パートナー団体」「コミュニティ」間には「援助する側」「援助される側」という力関係（権力構造）が生まれがちであり，それを背景にしてこの非対称性が生みだされる。

海外体験学習の深刻な影響を指摘する声もあり[2]，それゆえに倫理的な配慮が求められるようになってきているからである。

第二に，日本の大学教育における海外体験学習は1990年代を黎明期とし，一部の先駆的な大学・学部が正規科目として導入し始めたが，2000年代以降には普及期に入り，数多くの大学・学部がこれに取り組むようになってきた（子島・岡島，2015: 72-73）。そうした普及期以降にある今日，受入側は，地域・団体・時期によっては，相当数の海外体験学習にかかわっている場合もあるからである[3]。

---

2) 両方あるいは一方の親の死亡，貧困，虐待などを背景にして，子どもたちが収容される施設に対して，観光客が善意のボランティアとして訪問・短期間滞在することを孤児院ツーリズムと呼ぶが，これについては，さまざまな国において，国連機関やNGO（子どもの権利に関して活動する団体や倫理的な観光を求める団体）から是正を求める声が発せられている。本章のために聞き取りを行ったカンボジアにおいても，2010年代初頭以降，旅行者による孤児院ツーリズム自粛を促すキャンペーンが行われている（Friends International, 2011など）。こうしたキャンペーンの根拠は，①子どものケアの充実に必要な資金集めというよりも，むしろ子どもをつかって利潤の獲得をめざす孤児院が存在すること（Aljazeera, 2012），②①にあるような「貧困ビジネス」と呼称されるような悪徳施設でなくとも，必要な資格を保持しない，あるいは，十分な事前学習を受けないボランティアが多数，しかも連日，訪問することは，とくに心理的なダメージを負い，そのケアには特別の配慮を要する子どもたちの発育を損なう可能性があること（スタディツアー研究会，2016: 39），③観光客の善意が，子どもたちにとって有害な資金動員モデルから脱却し，新たなモデルの創造につなげるNGOの努力を損なう結果を生むこと（Friends International, 2011）にある。そもそも，虐待被害の子どもなどを除き，一般的な貧困家庭の子どもたちにとって，孤児院で行われているような子どもの施設ベースケアは，家族とともに暮らすという，子どもの権利条約が規定する権利を剥奪することにつながり，また，多くの専門家が身体的発達遅滞や愛着障害など，子どもの健全な成長に悪影響を与えると指摘するものである（Browne, 2009など）。このような考えは，国際的には，一連の国際会議を経て作られた「2010年国連子どものためのオールタナティブケア指針（the 2010 UN Guidelines for the Alternative Care for Children）」にも取り入れられており，カンボジアにおいても，政府の政策（Royal Government of Cambodia, 2006）に基づき，孤児院は孤児のケアとしては最後の手段であると位置づけ，可能な限り子どもたちを家庭に戻し，脆弱な家庭を地域でケアしていくことになっている。

3) 高橋の報告（2008: 151）によると，JICAカンボジア事務所は，2004年には年間34件，2005年には51件，2006年には39件のスタディツアーを受け入れ，その多くが日本の大学が実施するものであった。なお，スタディツアー研究会（2016: 9）は，2000年代初頭，NGOが主催するスタディツアーについて，年間500-600ツアー，参加人数は1万人を超え，これに国際交流団体などが主催するスタディツアーを含めると，年間数万人の参加者があったと推計している。

一方，このような大学の海外体験学習に関する調査研究は，それが大学の正式科目として学内リソース（教職員や予算）を用いて実施するものであるから，学生本人や保証人（保護者），大学内関係部署などに対する説明責任を重視して行われる傾向がある。したがって，危機管理（大学教育における「海外体験学習」研究会，2006; 齋藤，2009; 岡島，2010; 海外体験型教育企画オフィス，2014）や学生に与える影響（短期的な影響に関しては居城ら（2014），藤原（2015）など，長期的な影響に関しては黒沼（2011），大学教育改革や大学ディプロマポリシーとの関係に関しては大学教育における「海外体験学習」研究会（2007），藤原（2015））については，すでに一定の厚みをもつ形で研究され，知見が蓄積されてきた。しかし，本章がテーマとする受入側に与える影響については，これからの課題となっている。

これまで，この受入側に与える影響について，送り出す立場から書かれたものとして，藤原と栗山（2014）の論文がある。この論文はツーリズムがもつ渡航先社会に与える影響を指摘する観光論の視点を援用して受入側に与える影響に言及している。藤山論文（2011）[4] は，援助の社会的影響を指摘する開発論の視点をつかってこの問題に言及している。これらはいずれも，受入側に対する影響の重要性を指摘し，アジェンダセッティング的役割を果たす文献であった。

受け入れの立場から書かれたものとしては，高橋による論考（2008）がある。これは，JICA カンボジア事務所がかかわった106団体・988人の海外体験学習に関する報告書や感想をもとに，参加者の学びについて整理している。受入側への影響にも触れており，同事務所の経験のなかから，負の影響を四つに分けて整理している[5]。

調査枠組を提示しつつ，複数の受入側の声を拾うという一定の実証性を有する論考としては，恵泉女学園大学による報告書（2007）が存在する。これは，同大学の長期・短期海外体験学習を受け入れてきたパートナー団体やコミュニティの代表をパネリストとして招いたシンポジウムの記録である。「有償・無償の非対称」「機会の非対称」「社会的文化的影響」という三つの項目に関して，受入側の関係者から証

4）この藤山論文（2011）は正課・課外双方を含む大学における海外体験学習に関するものであるが，NGO のスタディツアーを研究する田中（2000）の議論もあわせて紹介している。それによれば，NGO のスタディツアーには経済的・文化的・環境的・政治的・宗教的・感情的という六つのタイプのインパクトが存在する。なお，前掲注1）で触れたスタディツアー研究会の冊子（2016）も同様の整理を行っている。

5）この四つとは，①参加者がツアーを通して与える金品がもたらす現地への混乱，②参加者の都合が現地の人々に強いる無理な要求，③無関心な態度や批判的な発言，④受け入れ側に対して何のフィードバックもないことである。

言を引き出している。

　本章は，筆者がこれまで国際協力研究のフィールドとし，また，計10回にわたって勤務先大学の海外体験学習を実践してきたカンボジアを事例にしたものである。カンボジアは，1991年の和平以後，数多くのNGOが国際協力活動を展開してきた国であり，それゆえに海外体験学習の受け入れも少なくない場所である。そこで，本章は，大学の海外体験学習の受入側がどのような影響を受けているのか，正負双方を含めて，その傾向を知るとともに，その背景を理解することを目的とする。

2 調査の方法

　上述の目的を達成するために，本調査では，方法として，半構造化インタビューを採用した。そして，ポートランド州立大学が受入側に対する影響を調べるために開発した「地域へのアセスメント（評価）マトリックス」（ゲルモン他，2015）に基づいて，インタビューで尋ねる質問の項目を準備した。このマトリックスを利用した最大の理由は，全米1100以上の大学が所属するキャンパスコンパクトにおけるさまざまな先行的取組をふまえ作られたものであり，それゆえに調査枠組として一定の信頼性を有するからである。

　なお，このマトリックスは，「受入側」が，受入を担当する「パートナー団体」とそれが活動する場である「コミュニティ」[6]から構成されるとの前提に立ち，とくにパートナー団体を取り出し，それを軸にして，大学の体験学習の受入が与えた影響を考えるということが特徴となっている。つまり，コミュニティに与えた影響については，パートナー団体を通して間接的に尋ねることにしている。パートナー団体がコミュニティを代表するわけではないのに，このマトリックスの作成者はなぜこのような判断をしたのであろうか。同マトリックスを解説した本文は，コミュ

---

6) 本調査では主にゲルモンら（2015）の日本語訳を参照したが，必要に応じて英語原文にあたった。そのため，一部，日本語訳とは異なる訳語を用いて質問項目を作成することになった。たとえば，日本語訳では「地域」となっているところは，本調査では，原文にある「community」をそのままカタカナ書きした「コミュニティ」ということばをあてている。アメリカの大学における体験学習で学生が学ぶ「コミュニティ」はかならずしも同じ地域に集住していない人口集団（たとえばLGBT）なども含むからである。実際，本調査に回答したパートナー団体には教育機関も含まれ，その場合，日本の大学の海外体験学習が影響を与えるのは，「地域」ではなく，カンボジアのある特定大学の教員や学生，すなわち，カンボジアの1大学内「コミュニティ」である。

ニティへの影響を直接知るためにはそのコミュニティの政治的な力学を理解し，これを構成する数多くの関係者を訪ね歩き，サンプリングなど，技術的な関門を越えなければならず，それでは「とてつもない」（ゲルモン他，2015: 122）ことになると記述している。本章は，一つ・二つの少数事例を深く掘り下げて調べるのではなく，より広く受入側に与える影響の「傾向」を知るという形で目的を設定したものであり，そのため，このマトリックスが想定するとおり，パートナー団体というフィルターを通してコミュニティへの影響に関する情報を集めることが適当であると判断した。

表 6-1 は，ゲルモンら（2015: 121-135）の記述をもとに，筆者が作成し，実際のインタビュー調査時に用いたものである。基本的に，このマトリックスは，体験学習の受入が，結果として，パートナー団体に対してどのような影響を与えたのか（「コミュニティのパートナー団体についての変数」）と，そのような影響を与えるにいたったプロセスとはどのようなものなのか（「コミュニティと大学の連携についての変数」）という二つの部分から構成されている。

表 6-1　海外体験学習の受入側に与える影響に関する質問リスト

何を知りたいか （概念）	どのようにそれを 知ろうとするのか（指標）	具体的な質問
コミュニティのパートナー団体についての変数		
団体の使命を達成するための能力	「提供されるサービスの種類」「サービスの受益者の数」「参加した学生の数」「求められる活動内容の多様性」「資源とニーズを見抜く力」	団体は海外体験学習を受け入れることで ・団体が支援する地域や集団に提供するサービスの種類や対象人数が変化したか ・コミュニティにおけるボランティアの数は変化したか ・コミュニティニーズに関する理解の拡大・深化があったか
経済的な利点	「新たな職員の発掘」「教員・学生によって提供されたサービスをつうじた資源活用に関する効果」「新たな資金獲得の機会」	・受け入れた学生のなかから新たな人材を見出せたことがあったか ・教員や学生から IT やデザイン，広報材料など，自団体で活用できるものを得ることがあったか ・大学との協働をつうじて新たな資金獲得の機会を得たか
社会的な利点	「新たな関係やネットワーク」「ボランティアの数」「地域課題への効果」	・新しい個人や団体などとのネットワークを得られたか ・学生たちがその後も活動を続け，（友人を誘ってくるなど），ボランティアの数が増えたか ・学生の取り組みによりコミュニティ課題は改善したか

06 大学教育における海外体験学習が受入側に与える影響　*119*

表 6-1　海外体験学習の受入側に与える影響に関する質問リスト（つづき）

何を知りたいか （概念）	どのようにそれを 知ろうとするのか（指標）	具体的な質問
コミュニティと大学の連携についての変数		
コミュニティと大学の 関係の性質	「連携の創出」「実践される活動の種類」「制約要因・促進要因」	・受入側と大学のあいだの連携関係はどのようなプロセスで生まれたのか ・受入側と大学のあいだの連携関係を促進あるいは阻害する要因とはどのようなものであるか
コミュニティと大学の 相互作用の性質	「互いの活動への参画」「コミュニケーションの形態」「大学のプログラムや活動に関するコミュニティの理解」「コミュニティのプログラムや活動に関する大学の理解」	・受入の前後における受入側と大学とのコミュニケーションとはどのような内容や手法，形態をもつものだったか ・受入側による，大学の諸活動に関する理解は増えたか ・大学による，受入側の状況に関する理解は増えたか
連携の満足度	「相互性と互恵性に関する認知度」「関心事項に関する反応度」「評価を返すことへの意欲」	・受入側と大学とが連携することの意義をどのように理解しているか ・受入側と大学とが互いの評価を開示したことがあるか ・受入側は，問題が生じたときには，それに進んで対応しようとする気持ちがあるか（大学にも同じ気持ちがあると考えるか）
連携の持続性	「期間」「発展性」	・受入側は，今後，一定の期間，大学との連携関係を維持したいと考えるか

3　インタビュー調査の概要と結果

　インタビューは，カンボジアで国際協力活動を行う団体（政府機関・NGO）のなかで日本の大学による海外体験学習を受け入れた経験があるとあらかじめ聞いていた5団体を軸とし，まずこれらの団体の事務所を訪問し，インタビューを行ったうえで，そこから他団体を紹介してもらうというスノーボール方式でインタビュー先を増やして実施した。結果，プノンペンとシエムリアップの計9団体を対象にインタビューを行った（通常，団体の事務所を訪問し，対面でインタビューを行ったが，1団体のみ，日程の関係上，LINE ビデオ通話をつうじたインタビューとなった）（表6-2）。インタビューの時期は，2016 年 10 月〜 11 月であった。

表6-2 インタビュー対象の団体と大学の海外体験学習の受入状況の概要

団体名称	団体種類	受入プログラム数	プログラムの内容
学校をつくる会（JHP）	NGO	1大学（来年度は増加の見込み）	事業概要説明，学校訪問・日本側の学生による授業実施，交流
カンボジア日本人材開発センター（CJCC）	教育機関	見学・レクチャーだけで年10大学以上	見学，レクチャー，交流プログラム，課題解決型学習，インターン
クメール伝統織物研究所（IKTT）	NGO	年間約1500人うち2割が大学教職員の引率がある	事業概要説明（ビデオ視聴を含む），染色体験，農業体験，ふりかえり
国際子ども権利センター（C-Rights）	NGO	1大学	事業概要説明，事業地視察（学校やコミュニティセンター視察・家庭訪問），子どもとの交流
JICAカンボジア事務所	政府機関	13大学	事業概要説明，JICA協力事業の視察
シャンティ国際ボランティア会（SVA）	NGO	1-2大学	事業概要説明，事業地の視察（貧困地域）・子どもとの交流，インターン（1ヶ月）
Napura-works.Co., Ltd.	企業	3大学	ホームステイ，村人たちとの共同作業，遺跡での総合学習，ふりかえり
ハート・オブ・ゴールド	NGO	4-5大学	事業概要説明，支援先の学校でのイベント企画・開催補助
パナサストラ大学	教育機関	5大学程度	交流エレメントを入れ込んだレクチャー，ディベートをつうじた交流

注1) 団体の順番はインタビューを行った順番ではなく，団体名称を五十音順に整理したものである。
注2) この表にある「受入プログラム数」は，あくまでも大学が主催する海外体験学習の受入数である（ただし，それがすべて単位化されているかどうかは不明である）。参加者に大学生を多く含むプログラムであっても，大学以外が主催するプログラムは含まれていない。
注3) CJCCは，日本政府が設立に関与した，独立採算制をとるカンボジアの公共機関である。

インタビューの結果，得られた回答とその傾向は以下のとおりである。

3-1 団体の使命を達成するための能力

この項目は，受入にあたるパートナー団体がそのミッションを達成するために行う事業に必要な人的・知的資源に，大学の海外体験学習の受入がどのような影響を与えたかを問うものである。

これについては，好ましい影響として，①活動コミュニティに関する情報の量的・質的拡充，②活動コミュニティの拡大という2種類の回答が得られた。とくに①活動コミュニティに関する情報の量的・質的拡充については，多くの回答者が「現場に同行することで，情報を更新することができる」と回答している。「大学側

からの要望で，パートナー団体の本来業務とは直接関連しない訪問先をアレンジしたことで，コミュニティに関する重要な周辺情報を得ることができた」「現場の職員に事業内容を説明させることをつうじて，職員がコミュニティや活動内容に関する情報を整理することにつながっている」との回答もあった。②活動コミュニティの拡大というのは，受入を契機に，パートナー団体が「本来業務として行っている事業を別地域でも展開することができた」という事例である。

　一方，好ましくない影響として本来の業務にあてるべき時間や人員などの資源を，大学の海外体験学習対応のためにさいているということがある。具体的には，「（受入が）集中する時期は本来業務を中止して対応することもある」「学生の英語能力が乏しいので，カンボジア人スタッフでは対応できず，日本人職員が対応にあたらざるをえない状況もある」ということであった。特に，パートナー団体とのスケジュール調整などを学生に行わせる場合や，複雑な課題発見・解決型プログラムを実施する場合は，大きな負担を感じている。

3-2　経済的な利点

　この項目は，受入にあたるパートナー団体がそのミッションを達成するために行う事業につかう財政的資源の拡大と大学の海外体験学習の受入とがどのようにつながっているかを問うものである。

　これについては，本調査におけるもっとも一般的な回答は「お金のために受け入れているわけではない」というものであった。一方，前項にもあるような，複雑なプログラムを行う場合には，「受入のために費やす時間・人員が大きくなる」，そして，そうした場合は「妥当な対価を得ていないと感じている」団体も存在した。また，その対価の妥当性を高めるために「依頼内容や移動距離に応じて金額が変動する料金表をもっている」「料金表の作成準備を進めている」との回答を行ったところもある。

　一方，インタビューに応じたパートナー団体のなかには，大学の海外体験学習の受入を財政的資源拡大の機会としてとらえ，申請書を作成し，新たな外部資金を獲得しているところや，団体の性質もあり，一つのビジネスとして成立させているところも存在した。

3-3　社会的な利点

　この項目は，団体として中長期的な視点をもって醸成すべき社会的資源（団体の

認知度向上や将来の会員・ボランティアの増加など）、あるいはコミュニティに対して，受入がどのような影響を与えているかを問うものである。

　まず，社会的資源への影響についてであるが，多くのパートナー団体は，「団体の認知度があがることを期待している」「団体のイメージ向上につながる」との回答している。また，「若い世代の育成に貢献することは団体としての社会的な責任である」と答えた回答者もいた。ただし，帰国後，参加学生たちがサークルを立ち上げ，学習会を開催したり，募金活動や大学祭での物品販売活動を行ったりするなど，学生による継続的関与の獲得に成功しているパートナー団体はわずかであり，「帰国後，実際にアクションにつなげてくれる学生は少ない」との回答がほとんどであった。

　次に，パートナー団体が活動するコミュニティに対して与える影響については，いずれの回答者も，「日本人が訪ねてきてくれることを楽しんでいると思う」「刺激になっている」というふうに，コミュニティは訪問・滞在を概ね好意的にとらえている。具体的に，好ましい影響としては，以下の二つの種類がある。第一は，交流する地域の子どもたちや教育機関の学生たちにもたらす学習効果である。彼らは，交流活動をつうじて，「ほかの地域の子どもたちと違って，世界が広い」「プレゼンテーション力が向上する」「日本語学習を含む学習一般に関するモチベーションが増す」といった影響を受けている。第二に，日本の学生が何らかの作業に従事することでコミュニティのニーズが一部満たされるということもある。技術がなくても体力があればできる作業（井戸掘りや雑草引き，堆肥づくりなど）を特定し，それに日本の大学の学生が従事するという事例である。

　なお，こうして日本側の学生が取り組む作業を含め，活動全体をふりかえり，村のポジティブな部分を村人にフィードバックすることをプログラムに必須の要素と位置づけ，実践しているパートナー団体もある。「たとえば，ホストマザーが用意する村の食事を，学生がポジティブなところとして挙げているのを聞いて驚いたり，喜んだりする」とのことであった。

　ただし，「学び」の意味でも，「サービス」の意味でも，その質には一定の制約があるとの指摘も存在した。その制約要因について，さらに聞き取りした結果，総合すると，以下の二つの種類のものがあった。

　第一に，学生側の事情である。概して，日本の学生の語学能力が低く，たとえば，ディベートの場合，英語で行うと，日本の学生がついていけないので，そこから生まれる学びは双方にとってどうしても浅薄なものにとどまってしまう。また，日本の学生の積極性が不足していることもあり，質問やコメントが僅少になりがちであ

るとの指摘もあった。

　第一の制約要因が日本の教育システム全体にもかかわる問題であるのに対して，第二の制約要因は大学・教員側の事情，あるいは，海外体験学習のプログラミングに直接由来するものである。すなわち，交流相手が大学生であるのに，「日本の学生が考えてきた出し物が幼稚なものである」「異なる日本の大学が同じ内容の出し物をすでに何度も実施していて陳腐なものになってしまっている」との指摘があった。また，1日のスケジュールが詰め込みすぎで，交流にわずかな時間しか割り当てられておらず，双方でふりかえりを行い，その結果を言語化し，共有する時間がない場合があるとの指摘もなされていた。さらにまた，コミュニティの課題を改善することはわずか数時間という短時間では不可能であるが，「役に立った」というような錯覚を日本から来た学生にもたせてしまっていることもあり，これは「上から目線」の強化につながる可能性，つまり，学びを歪めている可能性もあるとの指摘もあった。

3-4　コミュニティ・大学間の関係や相互作用の性質と連携の満足度・継続性

　これらの項目は，コミュニティと大学との関係がどのように生起・発展してきたのか，その経緯・現状を確認するとともに，関係のあり方を決める二者間のコミュニケーションの内容・態様や促進・阻害要因を問うものである。インタビューでは，パートナー団体と大学との関係に関して良好であるのか，良好ではないのか，大きくその印象を聞いた後に，その理由を尋ねた。課題があるとの認識をもつパートナー団体は多く，具体的には，以下の二つの問題点に集約される。

　第一に，パートナー団体と大学の間で，実施前のコミュニケーションが直接かつ十分に行われていない。「メールの転送を受けることはあるが，大学側と直接メールのやりとりをすることはない」「大学の先生とはこちらではじめて顔を合わすことが多い」といった回答に代表されるように，日本国内のオフィスを介して間接的に意思伝達することが多い。また，内容についても，複数団体から「基本的にスケジュール調整に関する連絡が多い」との回答が寄せられた。

　第二に，実施後に，複数のパートナー団体から「どのような学びがあったのか伝わってこない」という回答があった。「かつては報告書の提出を義務づけていたが，あまり返事をもらえなかったので，最近は義務づけなくなった」との回答もあった。

　結果として，「スタディツアーの実施時期は，カンボジアの学校も夏季休暇中であることを理解してもらっていない」「特定州の事業は順調に進捗しているので視

察受入が可能であるが，大学側が訪問を希望している別州の事業は受入が困難であるというような，事情があることを想像してもらえない」「日本からカンボジアに赴任・勤務している職員はカンボジアのためになりたいという気持ちが軸にあり，そのような気持ちはカンボジア人職員も同じである。海外体験学習の受入にあたっては，日本から派遣された職員がカンボジア人職員にさまざまなアレンジを依頼するが，（何のために受け入れているのか，目的を説明できず）正直，依頼しづらく感じることもある」といったように，大学が現地の複雑な事情を十分に理解・想像できていない事態が生じている。

4　考　　察

　以上，本章のために採用した調査枠組を説明するとともに，パートナー団体へのインタビュー調査をつうじて得られた回答を記してきたが，そこにはどのような意義があるのであろうか。それは，一定の調査枠組をもって行われた唯一の先行事例である恵泉女学園大学の結果と比較するとよく理解できる。表6-3は，その恵泉女学園大学報告（2008）と本章のために行ったインタビュー調査の回答を比較したものである。

　恵泉女学園大学の報告と本調査で得られた回答とのあいだには以下の三つの共通点があり，本章は，基本的に，先行研究の結果を再確認するものとなった。

　第一に，恵泉女学園大学報告，本調査いずれにおいても，パートナー団体は，経済的な観点で送出側と受入側が非対称の関係にあり，さまざまな取組を行ってそれを是正しようと試みている。恵泉女学園大学の場合はNGO基金を設けることによって，本章のパートナー団体の場合は料金表を作成したり，外部資金を申請したりすることによって，妥当化をはかろうとしている。

　第二に，いずれの場合も，大学の海外体験学習の受入については概ね社会的な意義があるとの肯定的評価を行っている。パートナー団体は受入によって団体としての社会的評価や認知度を向上させていると考えているからである。また，海外体験学習を受け入れることが受入側にとっても異文化交流となっており，パートナー団体やコミュニティの構成員による学び，すなわち，社会観・世界観・教育観の拡充につながっているとも認識している。

　第三に，そのような社会的意義は限定的なものであるとの認識も共通している。その原因として，日本の学生の外国語能力や自文化についての知識，積極的に発言

06 大学教育における海外体験学習が受入側に与える影響　*125*

表 6-3　大学教育における海外体験学習がもたらす影響に関する調査結果の比較

評価項目	恵泉女学園大学　2008	本調査　2016
組織の使命を達成するための能力		・コミュニティに関する情報を拡充できた。 ・業務の一部を別地域にも拡大できた。 ・（集中時期やより複雑なプログラムの場合など）本来業務にあてるべき時間・人員を割かれる。
経済的な利点	・恵泉女学園大学と受入大学が共同で NGO 基金を設けている。 ・謝金のために受け入れているわけではない。	・お金のために受け入れているわけではない。 ・対価の妥当性を高めるためにアレンジ内容や移動距離などに従って料金表を作成している。 ・申請書を作成し，外部資金を獲得している。 ・一つのビジネスとして成立させている。
社会的な利点	・グローバルコミュニティへの貢献機会である。 ・日本からの来客の多さが団体の社会的信用につながる。 ・村人が自文化の価値に気づき，誇りをもつ。 ・教育とは学校のなかだけではなく，村全体が勉強の場になることを理解する。 ・言語や文化の違いが学ぶことの妨げにならないことを理解する。 ・上述の NGO 基金を活かして，タイ側の学生・NGO 職員の学びに活かしている。 ・日本の学生の自国文化に関する知識不足から，村人が知りたいことを知りえない。 ・現地語の学習不足，地域の文化・伝統の理解不足，コーディネータ不在により，村の人に嫌な思いを与える学生もいる。 ・海外体験学習後，学生は大きく成長するというが，成長してから来てほしい（健康管理・コメントができない）。 ・学生はボランティアをしに来たと思っているが，実際は，村人がボランティアしている。 ・日本の学生がもち込む，村人と違う服装や髪型，髪の色，カメラ，携帯用オーディオ機器などは特に若い世代に大きな影響を与える。 ・助言をしてくれるが見当はずれのものが多い。 ・社会課題に触れたい学生と，触れられたくない現地という狭間で，もう来てほしくないという受入側もある。	・次世代育成は社会的責任の一つである。 ・認知度やイメージ向上につながっている。 ・（一部の例外的事例を除き）単位取得後は関心も薄れ，具体的アクションにつながらない。 ・村の子どもたちや教育機関の学生たちの学びの機会になっている（より開かれた社会観・世界観の獲得やプレゼンテーション力の向上，学習に対するモチベーションアップ）。 ・コミュニティのニーズのなかで，技術力がなくてもできる作業に従事してもらっている。 ・パートナー団体・大学の学生の学びとしても，コミュニティ課題の改善としても，質が限定的である。①ニーズとの不一致（日本の学生は交流相手の年齢・関心にあわない出し物を考えるなど），②言語能力の不足（外国語での会話が困難なため，学びが浅薄なものにとどまる），③日本の学生の積極性不足（日本の学生からの質問やコメントが僅少でありがちである），④プログラミング上の考慮不足（日本側・カンボジア側双方でふりかえりを行い，その結果を共有するといった時間がスケジュール上組み込めないくらいタイトなスケジュールになっている），⑤プログラミング上の考慮不足（その 2）（短期間のサービスで地域社会の課題の改善ができるはずがないのにそれを目的に据えるのは問題があろう）。
大学と受入側との連携	・大学は受入側とどのくらいの期間コミットするのか，大学側の教職員をどう配置するのかを決めて良好な関係づくりに努めるべきである。双方でもっと話し合いの場をもつべきである。	・プログラム形成段階での出張がない。 ・事前のコミュニケーションは最小限で，日本国内の本部を仲介して行うことも多い。内容もロジスティックスに限定されている。 ・事後のコミュニケーションがない場合もあり，どのような学びがあったのか伝わってこない。

する習慣の不足を挙げていることも，恵泉女学園大学報告も本調査も同じである。また，大学によっては，海外体験学習のなかに，学生に社会課題の解決策を検討・提示させる活動を含めているところもあるが，実際には，学生のアイデアや活動の質には厳しい限定があるという受入側からの指摘も，恵泉女学園大学報告・本調査の結果両者に共通するものであった。

　一方，相違点としては，以下の三つがある。

　第一に，「組織の使命を達成するための能力」，すなわち，パートナー団体がそのミッションを遂行するうえで必要な人的資源や知識に対して海外体験学習がどのような影響を与えているのかという項目に関するものがある。本調査では，恵泉女学園大学の報告とは異なり，活動地域に関する情報の拡充や活動地域の拡大といった利益とともに，人的資源や時間が割かれるという不利益を指摘する声も数多く出ていた。

　第二に，プログラミング上の課題に関することである。本調査においてのみ，海外体験学習プログラムの組み方について，団体の活動概要に関するレクチャーのみにとどまることが少なくないこと，また，交流的要素を含むプログラムを行う場合であっても，ふりかえりを行い，受入側と互いの学びを共有する時間が設定されていないことを指摘する回答が出ている。

　第三に，「大学と受入側との連携」においても，両者のあいだに差異がある。恵泉女学園大学の場合は大学としてどのような人員配置を行って長期的にどうコミットするのかを決める必要があるとの指摘がパートナー団体からなされているのに対し，本調査の場合，プログラム形成段階におけるコミュニケーションの内容と方法という，大学・パートナー団体間の信頼関係づくりのなかでは初歩的なことを中心に指摘されている。

　このような本調査の回答と恵泉女学園大学報告との差異は何に由来するのであろうか。それは，本調査で用いた調査枠組が「組織の使命を達成するための能力」や大学・パートナー団体間の関係性も尋ねるものとなっており，恵泉女学園大学のそれに比べてより包括的なものになっているという背景もあろう。しかし，同時に，基本的に，恵泉女学園大学の報告が，長い期間をかけて信頼関係を構築し，工夫を加えて，進化してきた取組に関するものだということも考えられる。換言すれば，本調査は，海外体験学習の普及期において，日本のさまざまな大学がカンボジアで行っている海外体験学習の，より一般的な姿を映し出すものである。そして，その姿とは，大学側と受入側のあいだに信頼関係がなお強固に構築されていないなかで，

パートナー団体に負担感を抱かせたり，あるいは，大学側に遠慮が生まれ，大学が自己規制したりするという海外体験学習の状況である。それゆえに，海外「体験」学習という名称にもかかわらず体験的要素に乏しかったり，その場での滞在を短時間ですませるために現地でふりかえりを行うなどの工夫を欠いたりするなど，受入側・学生側双方にとって課題を孕んだプログラムが繰り返し実践されるという海外体験学習の現状の一端であるともいえよう。

5 まとめ：今後の研究への期待

以上，本調査で得られた回答の内容・意義，そのもとになった調査枠組について記してきた。あらためて，本調査では，先行研究の結果を再確認する回答結果を得られ，また同時に，調査枠組や受入側・大学関係が異なるために，一部，先行研究にはない，新たな結果が見出すことができた。また，そこから，日本の大学教育における海外体験学習の現状の一端を垣間見ることもできたように思われる。

しかし，冒頭にも述べたように，受入側への影響に関する調査はまだまだ少なく，十分な量のサンプルを踏まえた研究になっているとはいい難い。また，サンプルの数は少なくとも，コミュニティに対して直接聞き取りを行い，それへの影響を深く探究するような研究も望まれるところである。本章が，今後，受入側が受ける影響に関する研究を一層促進する契機となることを期待する。

【引用・参考文献】
居城勝彦・中山京子・織田雪江（2014）．「スタディツアーにおける学びと変容―グアム・スタディツアーを事例に」『国際理解教育』20, 51-60.
岡島克樹（2010）．「パートナーシップとコミュニケーションに基づくリスク対策―大阪大谷大学人間社会学部カンボジアスタディツアーの事例」『留学交流』22(5), 6-9.
海外体験型教育企画オフィス（FIELDO）［編］（2014）．『Glocol ブックレット 13　海外体験型教育プログラム短期派遣手続きとリスク管理―大学におけるより良い海外派遣プログラムをめざして』大阪大学グローバルコラボレーションセンター
黒沼敦子（2011）．「サービス・ラーニング体験はキャリアにどう活かされるか―シンポジウムのディスカッションからの報告」『サービス・ラーニング研究シリーズ 6　サービス・ラーニングとその後―Service-Learning and Its Long Term Implications』国際基督教大学サービス・ラーニング・センター
恵泉女学園大学（2007）．『海外における体験学習の実態基礎調査 報告書』

恵泉女学園大学（2008）.『人間社会学部国際シンポジウム「海外体験学習における受入側のインパクト」報告書』

ゲルモン, S. B.・ホランド, B. A.・ドリスコル, A.・スプリング, A.・ケリガン, S. ／ 山田一隆［監訳］（2015）.『社会参画する大学と市民学習―アセスメントの原理と技法』学文社

齋藤百合子（2009）.「海外体験学習プログラムの危機管理」『留学交流』21(5), 10-13.

C-Rights（2016）.「孤児院ツアーブーム，子どもの尊厳どこへ？」C-Rights ホームページ〈http://www.c-rights.org/news/news4/post-211.html（最終閲覧日：2016 年 10 月27 日）〉

大学教育における「海外体験学習」研究会（2005）.『大学教育における「海外体験学習」研究会 2005 報告集』大学教育における「海外体験学習」研究会

大学教育における「海外体験学習」研究会（2006）.『大学教育における「海外体験学習」研究会 2006 報告集』大学教育における「海外体験学習」研究会

大学教育における「海外体験学習」研究会（2007）.『大学教育における「海外体験学習」研究会 2007 報告集』大学教育における「海外体験学習」研究会

スタディツアー研究会［編］（2016）.『実践的！ スタディツアー学―NGO スタディツアーの考え方と作り方』

高橋優子（2008）.「スタディツアーの教育的意義と課題―JICA カンボジア事務所での経験に基づいて」『筑波学院大学紀要』3, 149-158.

田中 博（2000）.『スタディツアーにおける現地受け入れ側インパクトの考察』スタディツアー研究会

子島 進・岡島克樹（2015）.「海外体験学習の多様性と可能性―これまでの 10 年・これからの 10 年」『国際地域学研究』18, 65-76.

藤山一郎（2011）.「海外体験学習による社会的インパクト―大学教育におけるサービスラーニングと国際協力活動」『立命館高等教育研究』11, 117-130.

藤原孝章（2014）.「特定課題研究プロジェクトについて」『国際理解教育』20, 36-41.

藤原孝章（2015）.「学士教育におけるグローバル・シティズンシップの育成―「海外こども事情A」（海外体験学習）の場合」『グローバル教育』15, 58-74.

藤原孝章・栗山丈弘（2014）.「スタディツアーにおけるプログラムづくり―「歩く旅」から「学ぶ旅」への転換」『国際理解教育』20, 42-50.

Aljazeera（2012）. Cambodia's orphan business: People & power goes undercover to reveal how 'voluntourism' could be fuelling the exploitation of Cambodian children. 〈http://www.aljazeera.com/programmes/peopleandpower/2012/05/20125224303043 8171.html（最終閲覧日：2016 年 10 月 27 日）〉

Browne, K.（2009）. *The risk of harm to young children in institutional care*. Save the Children UK.

Friends International（2011）. When children become tourist attractions. 〈http://friends-international.org/blog/index.php/when-children-become-tourist-attractions/（最終閲覧日：2016 年 10 月 27 日）〉

Royal Government of Cambodia（2006）. *Policy on alternative care for children*.

◆コラム⑤：アメリカのサービスラーニング[1]

　サービスラーニング（Service-Learning）とは，文字どおりサービス（貢献活動）とラーニング（学習）をつなげる教育である。ボランティア活動を学外で行い，その体験を通して，学びを獲得することを目指す。

　アメリカのサービスラーニングの基礎は，100 年ほど前に教育哲学者のジョン・デューイが提唱した「体験的教育」理論である。デューイは学校制度のなかで知識を伝授するだけが教育ではなく，体験して獲得する学びにこそ真の教育があると訴えた。体験教育研究は，その後も，社会学者，心理学者，教育学者たちに引き継がれ，アメリカの教育哲学の一つの流れになっていった。

　サービスラーニングという言葉が生まれたのは 1960 年代後半といわれる。もともと，アメリカではキリスト教に基づく文化土壌があり，サービス，すなわち，「奉仕」や「助けあう」という概念も広く浸透し，ボランティア活動も盛んだ。子どもや学生が地域でコミュニティサービスを日常的に行うなか，教育者たちがその体験の教育効果を認識し，教育手法の理論化が進み，学術的な研究も 1970 年代に深まっていった。

　そうして 1980 年半ばから大学でサービスラーニングを教育に取り入れる運動に火がつき，現在では全米の約 1,000 の公立・私立の大学が学生に市民活動を体験させる教育が広がり，さまざまな取り組みが実践されている。

　カリフォルニア州立大学モントレーベイ校では，大学ぐるみで周辺地域の恵まれない住民，とくに若者へのサポートに取り組んできた。サービスラーニングは必修とされ，学生の 40％が地域の低ランク高校の生徒の家庭教師やメンター役として関わっている。教員も地域の小学校から高校の先生達に協力を申し出て，カリキュラム改善や，授業運営ワークショップなどを提供している。

　ミルウォーキー市では，年間 1,000 名ものウイスコンシン大学生が市内の学校や非営利機関でサービス活動を実践している。活動は高校生への放課後の学習支援，野生動物保護，貧困家庭や知的障害者への援助と幅が広い。科目との組み合わせで注目されているのは，「多文化とコミュニティ」である。学生は教室で「文化の多様性」の理論を学び，地域サービス活動を通して現実の多人種コミュニティにおける文化的多様性を体感し，分析する。

　アメリカにおける活動で印象的なのは，大学教員が自分の学問分野をサービスラーニングに転換する発想と実行力である。ハーバード大学の文学部には，学期末の 1ヶ月は，それまで学んだシェークスピア文学を応用したサービス活動をするように学生に課す教授がいた。学びをいかに地域活動に展開していく

1）この稿は 2007 年に教育学術新聞に掲載された記事をもとに，加筆したものです。

のか自分で考えるのも学びの一部ということだ。たとえば，公立図書館で子ども向けにシェークスピア・ワークショップを催し，また，病院で長期入院している患者のベッド脇で，『ハムレット』などの読み聞かせをするという。

　インディアナ州のパーデュー大学ではエンジニアリングの教授の指導のもとで 80 の学生チームが地域に役に立つ製品やサービスを開発・商品化する短期・長期的なプロジェクトを展開し，水質向上，テクノロジー教育，遊戯場の安全確保に取り組んできた。

　また，「脱工業化社会」理論を専門とするシカゴの大学の歴史学者は，毎年，受講生をホームレス・シェルターに送り込んでいた。学生はホームレスの人々と顔をあわせ，話を何週間もかけて聞いていく。そのなかでホームレスを生み出す社会的原因をさぐりながら，教室で学んだ理論と現実を結びつけていくのだ。

　アメリカではサービスラーニングの実践とともに研究も盛んである。サービスラーニングを行った学生の事前と事後を比較し，「社会的な責任能力の開発」とか「市民教育」の観点からサービスラーニングの成果を分析する。また，学生－教員，大学－地域社会の「協働」という視点での研究などもあり，多彩な議論が続いている。

　この 20 年でサービスラーニングは国際化も進んだ。アメリカの大学では学生が海外でサービス活動を行うプログラムが増え，日本だけでなくアジア，アフリカ，ヨーロッパ，南米など世界中の高等教育機関が市民貢献活動を奨励し，教育に導入してきた。これはグローバル化ともない新たな教育モデルが各国で模索されるなか，多くの人々がサービスラーニングという手法に旧来の大学教育を越える地平の広がりを見出しているからだろう。

（村上むつ子）

◆コラム⑥：日本におけるサービスラーニングの意味 [1]

　日本の教育は長く受験競争に偏り，その弊害が指摘されながらも根本的には
あまり変わってこなかった。受験競争を経て辿り着く大学の講義も今までは旧
来の知識重視の教育が中心だった。しかし，21世紀の教育は従来の知識伝授型
の授業だけでは不十分だという認識が広がり，2000年代くらいから高等教育で
も社会現場での体験型学習，ボランティア活動，そして昨今はアクティブラーニ
ングなどの取組みが精力的に取り入れられている。これらの新しい試みの底流
を支えているのがサービスラーニングの理論や考え方，教育手法だ。

　今日の教育に期待されるのは，テストの点数で示される学力だけではない。
社会の現場での課題を識別する眼，問題解決の道筋をつける能力，コミュニケー
ション能力，リーダーシップ育成も求められている。今までは日本の若者は学
校と家庭中心の生活を送り，社会性を育む体験があまりないまま社会に出てい
くことが多かった。が，彼らの成長過程で広く社会体験を積み，総合的な社会性
やビジョン構築力を養うことは現代の最も大きな教育課題だ。

　サービスラーニングは自発的に「サービス（貢献）」活動を行い，「振り返り
（リフレクション）」を通じて，効果的に「ラーニング（学び）」に繋ぐ教育手法
である。学生は自分のためでなく，人のため，コミュニティや社会のための公益
に資する活動を体験して，学びに繋げるというのが基本的な考えだ。学習の仕
組みとしては，活動の前に「事前学習」を行い，活動のなかや後での「振り返
り」を組み込む。学生本人が自分の体験から血の通った知見を構築し，自らをエ
ンパワーしていく教育手法なのである。

　一般的にもボランティア体験は充足感をもたらし，人間的な成長を促し，視野
を広げる結果にむすびつくことも多い。協働体験から生まれる一体感や新たな
ネットワークは健全な市民社会を築く力にもなる。日本で発展した「ボランテ
ィア学習」はサービスラーニングと重なる教育プログラムだ。が，単発のボラン
ティア活動は活動だけで完結し，活動の成果はそれぞれ本人次第，となる。

　大学で最近，盛んな「地域連携」「地域社会との協働」でも，教職員がサービ
スラーニングを参考に学生が公益活動をする仕組みを設計する大学も増えてい
る。さらに，大学にふさわしい教育成果の担保，その教育成果の評価や研究につ
いても関係者の議論が活発に展開してきている。

　学生が社会貢献活動の体験をすると，ジェネリックな社会人スキルを獲得で
きることも多い。大人になりつつある年齢で初めて学外の社会を体験し，短期
間に人間的にめざましい成長を遂げる機会にもなる。

1）この稿は2007年に教育学術新聞に掲載された記事をもとに，加筆したものです。

が，大学がサービスラーニングを教育プログラムとして実践する最大のメリットは，学外での活動と教室で学ぶ理論や知識とアカデミックな文脈でリンクできることだ。自らの貢献活動をふりかえり，活動で触れた社会の現実を重層的に学習し，地域の課題や社会問題を学術的に見直し，思考を発展させる――そういう資源が大学にはある。教養ある，活動的な市民として社会正義や倫理，公共への関わりを深めていく道筋ができる。そこに関わるプログラム実践者（教職員）がどのように学生に寄り添い，道筋をつけられるか，力量も問われるところでもある。

　大学がサービスラーニングを導入し，持続可能な形で定着させるにはまず大学のカラーや文化に根ざした方向性を見つけ，一番ふさわしいスタイルや内容を決める必要がある。どの学問分野でも授業にサービス活動を引き込む方法は無限にあるといわれる。単位にするかしないか，するならどのような形にするか――これも，それぞれの考え方次第だ。

　サービス活動に学生を引き込むには，彼らの自主性をどれくらい引き出せるかも決め手になる。教員らが用意した既成メニューから活動内容を選択させる手法もあるが，アメリカでみられるように，学生たちがそれぞれの現場の実情を学び，そこで必要なサービス活動を自ら企画できる仕組みがあれば「課題解決」の力がさらにつくはずだ。そのようなプロセスを通じて「市民性」や「リーダーシップ」が育まれることもよく指摘されている。

　私が理想として描くのは，中学・高校で自分たちの地域社会でしっかり貢献活動を行い，大学では，専門分野に根差した地域貢献を行う，または，海外でサービス活動を行い，自分や自分の地域社会や国の現状をグローバルな視点で認識していく流れだ。このように教育機関が連動して社会貢献活動や学びを支え，学生の主体性を滋養していければ，10年後，20年後の日本も様相が変わってくるだろう。

（村上むつ子）

07 プログラムの制度化と学びを支える職員の参画

黒沼敦子・大川貴史

1 はじめに

本章では，海外体験学習プログラムの制度化について議論していく。特に，海外体験学習を支える仕組みに関して，職員の視点から考察を行う（筆者2名はともに大学職員である）。大学における教育機能が教授（teaching）から学習（learning）へとパラダイム転換し，教員と職員の関係も大きく変わってきているなか，教職協働や職員の専門性に関する議論は高等教育でも重要性を増している。これまで教員が排他的に行ってきた教育・研究業務も協働の対象となりつつある（大場，2014）。

海外体験学習では早くから教員と職員の協働が行われ，職員が教育的な支援業務を遂行してきた。プログラムの内容や手続きのプロセスを標準化し，大学システムのなかに組み込むという従来の職務をこなしつつ，教員と連携を取りながら海外体験学習がもつダイナミズムを活かす教育的な支援業務を遂行する役割も担ってきたのである。

子島と岡島（2015）が「教員個人の熱意で動かしていたプログラムを，公式に大学のプログラムとして制度化するメリットは，プログラム運営の効率化，業務の認知や危機管理など多い。その際には，通常の授業以上に，担当教員やコーディネーター，また関わる職員が有機的につながり，そして柔軟な関わりを学生との間に確保することが重要となる」と論じているように，海外体験学習では職員の役割や専門性のもつ意義について，早い段階から継続的な議論がなされてきた。

さらに2000年代後半から，中央教育審議会などで大学教育における体験活動の重要性が繰り返し指摘されるようになったこともあって，多くの大学が海外体験学習を取り入れ始めた。審議会答申では，教員自身が個々のプログラムに深く関与す

るのはもちろんのこと，大学の責任において海外体験学習を正課教育プログラムの一つとして実施すること，その体験や学びの質を担保していくことが強く求められるようになったのである[1]。

　大学が組織的にプログラムを運営し，既存の教育課程に統合していくには，正課教育としてのカリキュラム上での位置づけ，危機管理体制の構築，学内における情報共有や説明責任など，検討すべき課題が多くある。海外が現場となるため，教室で行われる教育活動とは異なるサポート体制を敷き，教育的配慮のできる教職員を配置する必要も生じる。さらに，国内・海外の関係者や活動先に数多くのステークホルダーが存在すると齋藤百合子氏は指摘している（大学教育における「海外体験学習」研究会, 2008）。

　このように多くの要素がからみあう「海外体験学習プログラムの制度化」は，簡単にできるものではない。2007 年，恵泉女学園大学が関東の 1 都 6 県にある大学の文系学部を対象にした調査（恵泉女学園大学, 2007）では，次のような結果が出ている。

- 過半数の学校が，専門の学内組織をもっていない。
- 「卒業単位に含まれる授業科目あり」と回答したのは，41.8%に留まる。
- 学内に危機管理システムを確立しているのは48.9%である。

　この調査からすでに 10 年が経過している。その後，海外体験学習プログラムを継続的に実施していく過程で，教職員の多くが制度化の必要性を実感し，多くの大学で制度化への取り組みが進んだことが予想される。すると新たな問題も生じてくる。プログラムを効率的に運営することや，活動内容や地域を整理することを追求しすぎると，プログラム本来のよさが損なわれる懸念が出てくるのである。

　2007 年度 JOELN 研究大会において，和栗百恵氏は「add-on ではなくて build-inされる過程，つまり，主流化されていく過程にこの学習手法が収容されていくとそのダイナミズムが失われてしまうという批判もあると思う。[…中略…]制度化されすぎると，ここにある力が失われるのではないか」と指摘している。

　JOELN 報告書（大学教育における「海外体験学習」研究会, 2010）で，村上むつ

---

1) 2008 年に中央教育審議会から出された「学士課程教育の構築に向けて（答申）」では，「大学の実情に応じ，社会奉仕体験活動，フィールドワーク，インターンシップ，海外体験学習や短期留学等の体験活動を効果的に実施する。学外の体験活動についても，教育の質を確保するよう，大学の責任の下で実施する」という方針が示されている。

子氏は次のように述べている。

> 体験学習では通常の授業以上に，担当する教員やコーディネーター，また関わる職員が有機的な繋がりや柔軟な関わりを学生との間に形成するプロセスがあり，これが学生の学びを確保する上でも重要です。プログラムが大学内の制度的に整備され，あとは存在するから慣習的に実施するという危険性をさけ，制度と有機的な関わりの両面をバランス良く活かしていくことがプログラムを継続，発展させることになると思います。

　海外体験学習プログラムの現場では，異文化のなかに飛び込み，予期せぬ体験や新しい出会いを経験した学生が，大学での学びと実際の体験をふりかえる過程で，さまざまな新しい発見や学びを獲得する。このようなダイナミックで多様な教育実践の特徴を活かし，仕組みの構築とその変容を許容する仕組みを考えていかなければならない。本章では，この課題に対して，筆者2名がそれぞれ勤務する桃山学院大学と国際基督教大学の事例を参照しつつ，考えていきたい。

2　海外体験学習プログラムの制度化の事例

　海外体験学習プログラムを実施している大学では，制度化の道筋を求めて模索を続けている状況であろう。プログラムを支える組織体制には多様な実態があるようだが，制度化に関する研究は，これまでほとんど行われてこなかった。これは，第6章で岡島が述べているように，大学の教育課程で海外体験学習を実施する際の「説明責任」として調査研究が行われ，「危機管理や学生に与えるインパクト」の領域に焦点があてられることが多いからである。また，研究の歴史が比較的長い米国のサービスラーニング研究においても，学習成果や教育効果に関するものが多い傾向にある。

2-1　桃山学院大学国際センター事務課
　桃山学院大学（以下，MGU）は，英国教会をルーツとするキリスト教系4年制私立大学である。建学の精神である「キリスト教精神に基づく世界の市民の養成」に基づき，「地域で，世界で，人を支える」という教育ビジョンを掲げ，数多くの海外プログラムを実施している。これらの企画・運営・実施は，基本的に教育機関としての国際センターおよび事務所管としての国際センター事務課が担当している。

特に全学的に実施している学生の派遣プログラムに関しては，開発から単位認定手続き・依頼まで，国際センター事務課が全般的な業務を担っている。2016 年 12 月現在，国際センターは専任教員である国際センター長を筆頭に，2 名の契約教員，3 名の専任職員で構成されている。一方で国際センター事務課は，3 名の専任職員，5 名の契約職員（専門職），2 名の派遣職員，2 名のパート職員の合計 12 名で構成されている。特に 2 名の契約教員は，体験型学習を主とした海外プログラムの開発，引率，評価を担当し，2017 年度からは海外プログラムを経験した学生向けに開講される，「ふりかえり」や「キャリアアップ」を目的とした科目を担当する予定となっている。

　MGU では，とりわけ「異文化体験」に焦点を当てた「体験型（実践型）プログラム」が充実しており，新入生向け異文化入門プログラムをはじめ，インドネシアでのワークキャンプ（1986 年に開始）やインドでのボランティアプログラムなど，ボランティアやインターンシップに参加するプログラムが複数用意されている。その他，日本語教育実習プログラム（短期・長期）では，学生は日本語教育の現場に教員のアシスタントとして参加する。これらの全学的なプログラムに加えて，学部ごとの留学プログラムも設定されている。

　MGU では 2005 年に第一次中長期ビジョンが策定され，「国際交流」や「外国語教育」を重点課題とした。そして，具体的な取り組み計画には，「協定校数（国数）の拡大」「派遣学生数拡大のための語学講座開設」「派遣留学プログラムの設計」などが盛り込まれた。これらの目標や計画は，建学の精神を根幹としつつ「大学におけるグローバル化」が求められる時代背景に対応すべく掲げられたものである。

　協定大学をみると，2006 年度からの 3 年間で 24 校増加し，それに応じて留学プログラム数も拡大していった。現在実施している海外体験型学習の多くも，この時期に誕生した。目標を達成するために，「数を増やす」ことが優先された時代であった。たしかに，年間の留学派遣数が 150 名前後であった 2004 年ごろに比べ，現在では 350 名にまで増加した（2015 年度）。しかしながら，派遣数の増加という目標を達成する上で，一時はプログラムどうしの繋がりがみえにくい状態となってしまった時期があった。「このプログラムには 1 年次に参加すべきか，それとも 2 年次か？」「A と B のプログラム間の関係はどうなっているのか」といったプログラムの相互関係が，学生にとってわかりにくい状態となっていたのである。そこでこの問題を打開するため，2015 年度に国際センターで各プログラムの目的やレベルなどを整理し，留学ロードマップを作成した（図 7-1）。

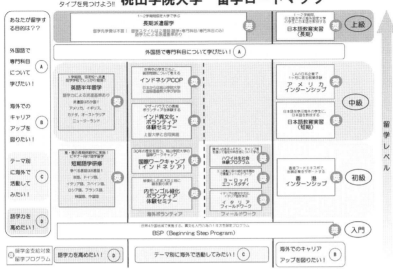

図 7-1 桃山学院大学 留学ロードマップ（出典：桃山学院大学国際センター）

ロードマップ作成にあたっては，「どのプログラムにどの順番で参加すれば効率良く学びを深め，キャリアアップしていくことができるか」を一目でわかるよう工夫した。そうすることで，学生はプログラムの方向性や位置づけを確認できるようになった。池田は「学生にニーズにあったプログラムを提供する」ことを強調しているが（池田, 2011），そのための重要な資料となったのである。

また，山本が「教員と職員が目標を共有しつつお互いに協力しあいながら仕事をしなければならない」（山本, 2013）というように，プログラム実施において教職員の協働は必要不可欠である。教職員にとっても，このロードマップは方向性を共有したり，現在のプログラムではカバーしきれていない領域を発見したりする上で，重要な役割を果たしている。実際，プログラムの見直しや再構築といったスクラップ＆ビルドの際には，このロードマップを参照しながら作業を行っている。

2-2 国際基督教大学サービス・ラーニング・センター

国際基督教大学（ICU）は，国際性への使命（I: International），キリスト教への

使命（C: Christianity），学問への使命（U: University）の三つを掲げ学部教育を行ってきた。

　海外体験学習プログラムは，全学共通科目のサービス・ラーニング関連コースのなかで実施されている。サービスラーニングとは，米国で発展した教育プログラムで，身近な地域コミュニティへのサービス（奉仕）活動や社会貢献活動を通して，大学で得た知識を社会に活かし，現場から生きた知識を獲得して大学の学びに活かす教育プログラムである。

　ICU では，長年にわたりさまざまなサービス（ボランティア）活動が実施されてきた。例としては，30 年以上続いている宗務部主催の海外ワークキャンプや，70 年代から行われている視覚障碍学生の受入と支援活動などがある。また，かつて国際関係学科では，「海外総合実習」「海外現地調査」などのコースが設置されていた。

　このような土壌のもと，1990 年代半ばの献学 50 周年に際して「行動するリベラル・アーツ」の中核を担うプログラムの一つとして，サービスラーニングのプログラムを全学的に進めることになった。正課カリキュラムである「国際サービス・ラーニング」では，アジアの大学とネットワークを構築し，学生交換プログラムを行ってきた。以下では，サービス・ラーニング・センターが運営するこのプログラムに焦点をあてて述べていく。

　2002 年，ICU ではサービス・ラーニング・プログラムと関連授業の企画・運営・実施を目的として，サービス・ラーニング・センターを設立した。事務局スタッフを置き，サービス・ラーニング企画運営委員会を発足させ，組織的基盤を作った。センター設立時は，専任教員が兼務するセンター長 1 名，授業と運営を担当するプログラム・コーディネーター 1 名，事務補助を担うパートタイム職員 1-2 名で運営されていた。2005 年度に文部科学省の補助事業に採択されたことが契機となり，パートタイムに代わりフルタイムで事務業務を担当する 2 名の嘱託職員を採用した。また，外部資金を活用して，海外から専門家を特別顧問として招聘した。長期に渡って専門家から理論的な指導を受けたことは，ICU のサービスラーニングの発展に大きく寄与するものだった（国際基督教大学, 2009）。

　組織の体制や運営は，人員配置や外部資金の有無によって大きな変化を被りやすい。サービス・ラーニング・センターでは制度化から 15 年を経たが，初代センター長が任期終了後に顧問として事業運営の助言に関わったことや，職責の変化がありながらもプログラム・コーディネーターのポストに長期間同じ人材が関わってきたことによって，継続性は担保されてきた（図 7-2）。

07 プログラムの制度化と学びを支える職員の参画　139

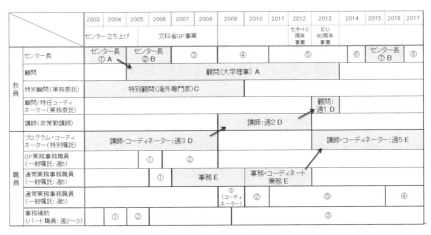

図7-2　サービス・ラーニング・センター運営体制の変遷[2]（出典：筆者（黒沼）作成）

　もちろん，センター発足時の理念を保ちながら，新しいプログラムを展開するだけでなく，プログラムを整理していくこともある。2005-2008年に文部科学省補助金事業に採択され，アジア各国とサービスラーニングを組織的に展開できたことは，プログラムの規模拡大や質の向上に大きなインパクトをもたらした。ただ，補助金終了後に予算規模が小さくなったことで，事業の維持が困難になった時期もあった。現在は，形成された海外ネットワークを基盤にして，別の外部資金によって事業を展開していく努力が続けられている。

　毎年のように変動がある運営体制のなかで，多岐にわたるプログラムを発展させていくには，直接関わる人材を継続的にセンター内や大学内に確保すること，また海外の関係機関と連携を維持発展させることが必須である。教職員が相手国を訪問したり，先方を招聘したりしてネットワーキングを強化することも重要で，仕組みを構築した後も熱意をもった「人の関わり」がプログラムの質に影響を与える。また，事務職員が交代した際に業務に支障が出ないよう，プログラム運営や科目履修に関わる事務手続きを標準化・効率化しておくことも重要である。

　90年代後半のプログラム開始時から，ICUでは，学生は個人で海外にある非営利機関や公的機関を活動先として開拓したり，担当教員のネットワークを活用して探

---

2) 図中において，同一の教職員が関わった部分は，それぞれの職階と同一人物を示すA，B，C，D，Eの文字を記載した。①，②等の番号は人員の交代を示している。

したりしてきた。個人の関心に基づいて学生自身が見つけ出し，それをセンターが認定する形で学生を個別に派遣する。これは語学能力や意欲，ある程度の海外経験を有する学生にとって，メリットが大きいものであった。Friends of the Earth（アメリカ），Fundación Pro Niños de la Calle（メキシコ），子どもの家を支える会（ベトナム），ネパール子供病院（ネパール）など，何十という団体を学生が新規開拓してきた。

　一方，センター設立の契機となった「サービス・ラーニング・イン・アジア会議」(2002 年) において，アジアの関係大学の間で協力や提携の動きが生まれた。そして，キリスト教系の財団から 3 年間の資金的サポートを得て，サービス・ラーニング・アジア・ネットワーク（SLAN）が構築された。SLAN では，派遣側から引率をつけず受入側が他国の学生を受け入れて，自大学の学生とともにサービスラーニングを行うプログラムが展開された。ICU からも参加学生の数が急増し，毎年約40–50 名が SLAN のプログラムへ参加するようになった。これは 1 学年（600 人）に対して 1 割弱の割合であり，国際サービス・ラーニングの主流となっていった。

　ICU が関わる SLAN のプログラムは 10 ほどあるが，そのうち二つを紹介したい。ソウル女子大学をパートナーとするプログラムには，韓国・香港・ICU の学生が参加する。低所得者のための学習支援，教会関係のクリニックや配食サービスでサポート活動を行うほか，脱北者の支援施設や従軍慰安婦関連の博物館を訪問する。インドネシアのペトラ・クリスチャン大学をパートナーとするプログラムでは，インドネシア，韓国，中国，香港，台湾，オランダ，日本などの学生が 20 人 1 チームになる。ムスリム（イスラーム教徒）の集落でホームステイしながら，地域支援活動を実施する総勢 150 人規模の大きなプログラムである。

　2013 年には，国際サービス・ラーニングは SLAN をとおしたプログラムのみとなった。この方針転換は，参加者の中心が 3 年生から 2 年生になり，アジアや途上国への訪問経験をもたない学生の参加が増えたことを一つにはふまえている。昨今の海外情勢の変化と大学の危機管理体制の強化も要因となっている。SLAN をとおしたプログラムは，パートナー大学の指導の下で質が担保されるメリットがある一方，派遣する国・地域，団体，そして活動内容の幅は狭くなってしまった。そして，学生の多様な希望に応えることも難しくなった。

　ICU では，SLAN のなかでも関係が深い大学と学生交換プログラムを実施し，教職員の訪問・招聘，共同調査研究も行ってきた。組織間の取り決めは，大学間協定の一部としてサービスラーニングを実施している場合もあれば，センターレベルで

07　プログラムの制度化と学びを支える職員の参画　*141*

サービスラーニングに関してのみ覚書を交わしている大学もある。関係性を維持するには，派遣・受入人数，費用負担などに関する調整が必要である。大学間協定があるところは，学内部署や先方の複数の関係者と要件を詰めていく。センター間で覚書を交わしている場合は比較的柔軟な対応が可能だが，方針変更が生じる時や，派遣人数が希望に合わない場合など，状況に合わせて交渉しなければならない。基本的に受入側がプログラムに対して責任をもつことになっており，送り出しの場合には学生からのフィードバックや教職員の視察を参考にして，適宜プログラムの改善を申し入れる。

　プログラムの制度化によって，学生の派遣先が整理されたことは確かである。しかし，海外体験学習プログラムでは，渡航地域の安全性，主催者側の体制，参加する学生や活動の現場のニーズなどにおいて，常に変化が生じうる。大きな枠組みは制度化できても，同じ内容のプログラムを既定路線で回していればよいというわけではないのである。制度化して継続していく部分を保ちつつ，新しいニーズに対して柔軟に対応することが求められる。

　SLANのプログラムでは，引率者をつけていないためパートナー大学の教職員やプログラムの参加学生から現地の状況やプログラム内容について継続的に情報収集するように努めてきた。的確な情報を得て，最も適切な渡航方法，安全・健康管理の留意事項，危機管理体制など，安全にプログラムを実施する適切な仕組み作りを行ってきた。その一方で，プログラム内容や学生指導についてはパートナー大学側に主導権を委ねている。そうすることで，変化する現場の状況やニーズに合わせた活動を展開することができ，用意されたものではないリアルな現場体験を学生が経験できている。SLANという大きな枠組みを保ちつつ，一つひとつのプログラムを作り込みすぎないことで，学生個人の興味関心にも柔軟に対応できる緩やかな仕組みが整えられてきた。

　大学全体の教育カリキュラムにおける海外体験学習プログラムの位置づけについて，興味深い変化がみられたので，その点についても述べておきたい。ICUでは，海外での実習を「国際サービス・ラーニング」（3単位）として認めている。夏期休暇中に30日間相当（時間に換算すると240時間程度）の活動を行い，活動後のプレゼンテーション・レポートの出来具合と受入先からの評価をもとに，サービス・ラーニング・アドバイザーと呼ばれる教員が成績をつける。

　この実習科目を履修するには，「サービス・ラーニング入門」（2単位），「サービス・ラーニングの実習準備」（1単位），「サービス経験の共有と評価」（1単位）の関

連科目を，活動の事前事後に履修することになっている。取得単位は，選択科目として卒業要件に含まれる。これらの関連科目は，開講当初から一般教育科目や全学共通科目という位置づけであり，体系的にカリキュラムが構築されてきた。

2年次以降であれば，サービスラーニングを履修可能だが，2008年度以前には，主に3年生がサービスラーニングを履修していた。1学部6学科制だった当時の学生は，1-2年次で所属学科の基礎的な知識や理論を習得した後に，関連する分野でサービスラーニングに参加していた。しかし，2008年度に，入学時に専門とする分野を決めるのではなく，1，2年次に学問的基礎力を養いながら興味のある分野を絞り込み，2年次の終わりにメジャー（専修分野）を決定する制度になった。すると，1年次に語学と関心のある科目を広く履修した後，2年次にサービスラーニングを履修する学生が非常に多くなった。教育カリキュラムの変化が，サービスラーニングに対する学生の姿勢，学びへの期待に変化をもたらしたのである。以前は，専門分野について学んだことを実際の社会で活かすという流れが比較的多くみられた。2008年以降は，履修の自由度が増したことによって，多方面に関心をもつ低学年の学生がサービスラーニングの受講をきっかけとして，自分の専門を決定していこう

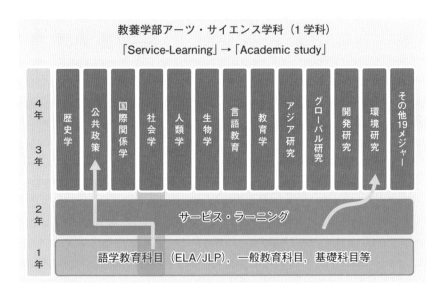

図7-3　31メジャー制のカリキュラム下でのサービスラーニング〈イメージ図〉
（出典：筆者（黒沼）作成）

とするようになった（図7-3）。この点について佐藤（2008）は，ICUのカリキュラムでは，academic study → serviceというよりは，service → academic studyという学問的なリンクの方向性を可能にしていると評している。大学全体の教育カリキュラムにおける海外体験学習プログラムの位置づけや実施学年が，学生の学びに大きく関わっていることを示しているといえるだろう。

3 教職協働と職員の専門職化

　海外をフィールドにして体験的な学習の機会を提供し，それを正課教育のなかに統合していく。このような新しい教育プログラムを大学に浸透させていくためには，制度化の仕組み作りに主体的に関わる職員の存在が欠かせない。これが本章の問題意識であった。本節では，教職協働や職員の専門職化も課題として取り込みつつ，職員がどのように教員と協働しているのか，桃山学院大学（MGU）の「インド異文化・ボランティア体験セミナー」を事例として考察する。また，ICUのサービス・ラーニング・センターの事例からは，体験学習の専門知識，スキル，経験知を備えた専門職としての職員が，プログラムをどのように支えているのか考察する。

3-1　桃山学院大学

　インド異文化・ボランティア体験セミナー（以下，CVIndia）は，デリー，アーグラー，ヴァーラナーシーを移動しながら，歴史や文化を通じてインドを体感する1週間と，コルカタにあるマザーテレサが創設した「神の愛の宣教者会 Missionaries of Charity」の諸施設でボランティアに従事する2週間，合計3週間のプログラムとして構成されている。

　CVIndiaは，スピリチュアルケアを専門とする伊藤高章教授が，コルカタでのボランティアへ国際ボランティアサークルに所属する学生を連れて行ったのが始まりである。これらの諸施設は，貧者や病人のためのケアの場として有名であり，世界中からボランティアを受け入れている。伊藤教授の専門と訪問先との親和性はきわめて高いものであり，学生一人ひとりの成長に焦点を当てた質の高いプログラムが展開されることとなった。参加学生の高い評価を受けて，MGUの全学生にチャンスを与えたいとの意向から，2004年度より国際センターが中心となって全学プログラム化を図った。伊藤教授を中心に職員も加わり，実施準備から学生選考，事前研修，現地研修，事後研修，そして成績評価までの制度設計を行った。

全学化にあたっては，特に危機管理面を入念にチェックした。MGU の専任職員である看護師が伊藤教授と現地を視察し，滞在中に気をつけなければならない衛生面の問題を確認，必要な予防接種を選定した。また，コルカタにあるジャダヴプール大学と大学間協定を締結し，学生の受け入れだけでなく，緊急時のサポートを得られる体制を構築した。

　このように，CVIndia の全学化にあたっては職員も視察を含めた実施準備に加わり，それぞれの立場から考えうる事態や可能性について議論する土台が作られていった。最初にこのような教職協働の土台を作ったことの意味は大きく，その後プログラムの回数を重ねるごとに教職員間で議論を深めていくことができた。その結果，毎年パワーアップしながら，大きな事故もなく実施できている。学生の問題意識の変容や対人関係のもち方の成長など，このプログラムの教育テーマは多様である。現地では，教員と職員が学生の状況についての理解を常時共有しながら指導にあたっている。

　2014 年，CVIndia は大きな転機を迎えた。伊藤教授が上智大学に移籍したのである。海外での体験学習においては，いかに制度化や情報の共有を図っても，その地域やプログラム内容に造詣の深い教員の存在が一定のウエイトを占めることになる。すなわち「属人的」な部分はなくならない。MGU はこの「ピンチ」を，CVIndia の上智大学との協同実施という形で，「チャンス」に変えようとした。10 年間実施したプログラムのノウハウを共有し，「異なる大学の学生がともに学ぶことでの化学反応」を期待したのである。異なる大学に所属する学生が，インドという異文化のなかで 3 週間をともに過ごす。それだけでも，お互いが得られるものに対する期待は大きい。しかし，準備はこれまで以上に複雑なものとならざるをえない。共同実施をする上では，これまで以上に教職協働の必要性が高まった。プログラムを円滑に実施するために，スケジュールや危機管理体制などに関する協議を重ね，両大学による「プログラム実施にかかる協定」を締結した。

　役割分担としては，受け入れ大学との折衝並びに旅行手配といった事務手続きを MGU 職員が，現地でのプログラムのコントロールを上智大学（伊藤教授）がそれぞれ主に担っている。もちろん，それだけで分担がすむものではなく，MGU の引率教員や上智大学の職員も準備や事前研修でそれぞれの役割を担っている。両大学の教職員が常に最新の情報を共有するため，情報が錯綜しがちなメールに加えて，2016 年度からはデータ共有が可能なグループウェアを利用している。また，事前研修ではインターネットテレビ会議システムを利用することで，参加学生や引率者が

07 プログラムの制度化と学びを支える職員の参画　*145*

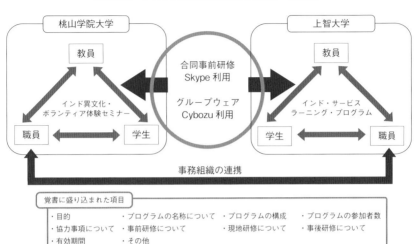

図7-4　2大学間における教員，職員，学生の関わり（出典：筆者（大川）作成）

互いに顔をあわせて議論できる環境を提供している（図7-4）。

　研修先では，現地で利用できる携帯電話とWi-Fiを用意して，引率者間や引率者と大学がいつでも連絡を取りあえる環境を整えている。その日の活動が終わると毎晩「引率者によるふりかえり」を実施している。危機管理で最も重要なことは，こうした引率者間の細かなコミュニケーションであると考えるからである。このふりかえりでは，学生について気になった点や出来事を共有し，翌日以降の注意点を確認する。異文化を体験する機会を担保しつつ，学生が安心して学べる環境を提供する上で，引率者間のコミュニケーションは非常に重要である。

　帰国後の事後研修にも職員が教員と一緒に加わり，体験をより深めるきっかけとなる助言を与え，学生の取り組み姿勢をチェックしている。そして，最終的に学生評価をする際の判断材料にしている。海外での体験学習の成果は学生ごとに大きく異なり，簡単に数値化できるものではない。一人の教員の判断では見過ごすものもでてきてしまうだろう。それぞれの学生の活動について，視点の異なる情報が多ければ多いほど，より客観的な評価につながるとの考えから，職員も積極的に情報提供することで，多角的な評価を目指している。

3-2 国際基督教大学

　ICU では，海外体験学習プログラムを実施する専門部署であるサービス・ラーニング・センターが設置され，センターつきのプログラム・コーディネーターと事務職員が運営に深く関わっている。渡部と星野（2016）は「国際教育交流業務では，大学の一般的事務業務に加えて，「教育」，「研究」，「実践」の３側面の業務能力が求められる。その理由は，業務内容として，学生を直接教育・指導する機会があり，自大学の留学プログラムや制度，学生に関するデータを分析して改善を試み，学外や国外組織と共にプログラムなどを企画運営していくことが求められるからである。これらの三つの側面の業務はそれぞれ連動しており，単独で機能することはない」と述べている。留学などの国際教育交流プログラムと類似点をもつ海外体験学習プログラムでも，担当者は教育，研究，実践の三つの領域で多岐に渡る業務を担当している。

　ICU のサービス・ラーニング・センターでも，専門職としてのプログラム・コーディネーターは，授業を担当する教員（講師）の役割と，プログラムの企画や実施に携わる職員としての役割の両方を求められている。非常勤講師として関連授業を担当し成績評価を行い，海外体験学習に向けた準備やふりかえりを教育面でサポートする。学生カウンセリングや応募面接では，学生に合った活動先を助言しながら，プログラム全体としても派遣・受入の需給バランスが整うようマッチングを行う。また，ネットワーキングは重要な業務の一つで，制度化されたプログラムにおいても顔の見える関係作りが欠かせない。直接プログラムに関わっている教職員が，お互いの国を訪問し合い，現場を見て，信頼関係を深めることで，安全で質の高いプログラムを継続的に実施することができる。専門職として国際会議や研究プロジェクトに参加するなど職能開発も必要となる（表 7-1）。

　大学の理念やプログラムの教育課程上の位置づけを理解していることも，業務を遂行する上でポイントとなる。理念や学内の風土，教育カリキュラムに対する十分な理解がなければ，制度化の道のりは厳しい。

　専門職としてのコーディネーターは，異なる組織・プログラム・職務を十分に理解して，それを繋ぎ発展・継続させていく職を遂行する。短中期の企画立案能力やファシリテーション能力，イベント・ワークショップなどの立案・実施経験，専門分野での学歴や資格，外国語運用能力や海外での生活経験など専門職に資する能力・経験・資格を活かしてプログラムに関与しながら，学部教員や他部署とともに各大学にあった制度化を遂行していくことが肝要である。

表7-1 国際サービス・ラーニング・プログラムで職員が関わる主な業務内容（出典：筆者（黒沼）作成）

担当 業務	プログラム・ コーディネーター	両　方	事務職員
履修指導	●関連授業担当，成績評価 ●学生のカウンセリング相談 ●事前グループ学習会の支援	●活動後の学生プレゼンテーション実施	●「履修の手引き」作成 ●WEB 履修登録システム管理
学生派遣・受入	●派遣学生の応募面接 ●海外パートナー機関との交渉（主にプログラム内容） ●受入プログラム企画・実施	●プログラム説明会実施 ●相談会実施 ●海外オリエンテーション ●リスク管理・健康管理	●学生募集，書類管理 ●海外パートナー機関とのロジ調整，渡航・保険手続き ●受入プログラム運営（主にロジ面）
ネットワーキング	●海外パートナー機関訪問 ●「海外体験学習研究会」参加 ●「SL ネットワーク」参加 ●OB・OG とのネットワーク		
広　報	●大学広報媒体の原稿作成 ●他大学訪問・取材対応 ●講演対応	●オープンキャンパス参加	●ホームページ管理運営
会議・運営	●SL 運営委員会参加 ●海外専門家との会議	●国際会議などの開催 ●海外専門家招聘	●SL 運営委員会運営 ●予算申請，予算管理
調査・研究	●学内外の刊行物執筆 ●国際会議（APRCSL，IARSLCE など）参加・発表		

4 議論と結論

これまでの議論から，いくつか論点を整理してまとめることとしたい。

まず，制度化とは「固定化」や「慣習化」することでは決してないことを，あらためて強調しておきたい。事例研究からみてきたように，安定した制度を整えていくことと，異文化とのダイナミックかつ有機的な関わりの両面を，バランスよく活かしていくことがプログラムを継続，発展させることになる。

つづいて，海外体験学習プログラムを「組織」として実施する場合のメリットと課題について，現場の目線から述べてみたい。

第一のメリットは，プログラム運営を通して，「大学の理念や方向性がより明確になる」という点である。近年はグローバル人材育成が叫ばれるなかで，海外体験学習を「売り」にする大学も多くなっている。しかし，大学の教育ビジョン（教育目標や地域社会におけるポジションなど）と海外体験型学習の目的が同じベクトルを向いていないのであれば，内部での合意も形成しづらいし，社会へ発信するメッ

セージも弱いものとなってしまう。教員個人で実施する場合は、教員の専門性や人脈などに大きく依存することになり、またそのこと自体がプログラムの特色ともなるわけであるが、必ずしも大学の理念を体現するわけではない。「大学が実施する意味」を明確に表現したプログラムを作ろうと学内での議論や経験を積み重ねていくことによって、大学自体の教育理念も鍛えられていくのである。

　第二のメリットは、学内のさまざまな組織との「連携」を挙げることができる。たとえば、健康を管理する部門と連携をとることで、より安全でリスクの少ないプログラム運営が可能となる。出発までにできる限りリスクを減らし、安心して海外へ送り出す努力が連携によって可能となる。参加学生の情報を入試部門と共有すれば、高校訪問の際に、その高校の卒業生が大学でどのような経験をし、成長しているのかを報告することができる。「あの生徒はどうしているだろうか？」と考える高校の教員に、卒業生の有意義な大学生活を報告できれば、これ以上の「入試広報」はないだろう。

　このように連携には、教職員や異なる部署の間でのコミュニケーションを促す効果がある。プログラムを運営する教員にとっては、学内のリソースを効率的に利用しながら、教育に集中しやすい環境が整うこととなる。職員は目的を理解することで、学生にとってより深みのあるプログラムの提供を意識ながら、業務を進めることができる。また、大学の教育カリキュラム全体から海外体験学習プログラムの位置づけを検討し、教育効果を高めることもできる。プログラム実施における教職協働は、運用面だけでなく、学生の学びにも大きなメリットをもたらすといえる。

　一方で、デメリットがないわけではない。多くの大学が問題として挙げるのが引率教員の確保である。ゼミ研修などと異なり、組織として実施する場合には継続性を担保しなければならず、毎年引率の教員を確保する必要がある。しかし、プログラム内容は、「研究者としての教員の関心」と必ずしも合致するわけではない。参加学生を増やそうとプログラムを多様化する過程で、（夏休みや春休みに自分の研究時間を削って）引率を引き受ける教員の数も増やしていくことは簡単なことではない。また、ある教員が熱意をもって始めたプログラムが全学化される場合でも、長年続けばその教員への負担ばかり大きくなってしまう。基本的に現地でのプログラム運営は、受け入れ機関（大学やNGOなど）に依頼し、引率教員が変更になった場合や引率がない場合でも、安定的な運営が可能となるような配慮や仕組みが必要になる。

　組織としてプログラムを実施する上でのメリットとデメリットを職員の立場か

ら挙げた。それらをふまえて教職協働の課題を考えてみると、「双方の職域を理解する」ということに行きつくと思われる。「教職協働は、職員の目からのみ見るのではなく、教員の目からも検討し、相互の協力関係を再構築することが求められている」（山本, 2011）。この山本の言葉は、教員と職員の職域を分断して考えるということではなく、お互いに職域を尊重しながら仕事を進めていくということであろう。また、危機管理や学生評価については、「教職員共通の職域」として進めることが望ましい。お互いが尊重し合うことで、より良いプログラムを学生に提供するという目標を達成することができるはずである。

　最後に、多様な能力が求められる職員の処遇に関して、問題提起をしておきたい。この問題に関して、大場（2014）は次のように述べている。「職員の専門性を高めるキャリアに関する課題（給与体系や大学間の異動、専門職団体の育成など）については従前から指摘されているが、任期付雇用が広がってきているとはいえ、同じ職場での生涯雇用を重視する日本の労働慣行の下での解決は容易ではない。その間隙を埋める方策の一つとして教員としての専門職採用が進んでいるが、「第三領域」の議論に見られるようにそのアイデンティティの在り方は大きな問題である」。

　海外体験学習を先導し、制度化を図る大学には、教育、研究、実践に関わる担当者を育成し、十分に能力を発揮できるよう職能開発の機会を与えたり、継続的な関わりができるように処遇することが望まれる。この点に十分に配慮することで、「プログラムの制度化と学びを支える職員の参画」について、さらなる生産的な議論の展開を期待できるだろう。

【引用・参考文献】

池田庸子（2011）.「海外留学の意義とメリットを考える―海外留学によって何が得られるか」『ウェブマガジン 留学交流』4, 1-10.

太田　浩・佐藤亜希子（2008）.「大学の戦略的な国際展開及び組織的な国際化に関する考察―大学国際戦略本部強化事業を事例として」『各大学や第三者機関による大学の国際化に関する評価に係る調査研究報告書』, 65-82.

大場　淳（2014）「大学職員論・教職協働論から見たカリキュラム・マネジメント実践」『大学教育学会誌』36(1), 53-58.

大橋一友・敦賀和外・本庄かおり・安藤由香里・片山　歩（2016）.「大学における学生海外渡航時のリスク管理―リスク管理に関する質問紙調査からみる日本の大学の現状と課題」『ウェブマガジン 留学交流』60, 12-22.

恵泉女学園大学（2007）.『海外における体験学習の実態基礎調査　報告書』

国際基督教大学（2009）．『国際基督教大学 自己点検・評価報告書 2009 年』

佐藤　豊（2008）．「リベラル・アーツ大学ICU におけるサービス・ラーニング」『体験的な学習とサービス・ラーニング』，7-12.

杉岡秀紀・久保友美（2007）．「関西を中心とした大学ボランティアセンターの現状・課題，展望—サービス・ラーニングという新潮流を踏まえて」『社会科学』79, 129-158.

大学教育における「海外体験学習」研究会（2007）．『大学教育における「海外体験学習」研究会 2007 報告集』大学教育における「海外体験学習」研究会

大学教育における「海外体験学習」研究会（2008）．『大学教育における「海外体験学習」研究会 2008 報告集』大学教育における「海外体験学習」研究会

大学教育における「海外体験学習」研究会（2010）．『大学教育における「海外体験学習」研究会 2010 報告集』大学教育における「海外体験学習」研究会

中央教育審議会（2008）．「学士課程教育の構築に向けて（答申）」

日本学生支援機構（2011）．『平成 20 年度 大学等におけるボランティア活動の推進と環境に関する調査報告書』

子島　進・岡島克樹（2015）．「海外体験学習の多様性と可能性—これまでの 10 年・これからの 10 年」『国際地域学研究』18, 65-76.

花村大輔・川口　潔・大島英穂・河内明子（2015）．「大学の国際化推進に資する組織と運営のあり方に関する研究—立命館大学における国際化推進組織のデザイン」『大学行政研究』10, 51-65.

山本眞一（2011）．「教職協働時代の大学経営人材に関する考察—役員・教員・職員へのアンケート調査結果を踏まえつつ」『大学論集』43, 271-284.

山本眞一（2013）．「大学経営人材の今後」『RIHE』123, 101-105.

渡部留美・星野晶成（2016）．「国際教育交流担当者の専門性と職能開発」『大学職員論叢』4, 21-30.

Bringle, R. G., & Hatcher, J. A.（2000）. Institutionalization of service learning in higher education. *The Journal of Higher Education, 71*(3), 273-290.

Furco, A.（1999）. Self-Assessment rubric for the institutionalization of service-learning in higher education. *Service Learning, General. Paper, 127* 〈http://digitalcommons. unomaha.edu/slceslgen/127（最終閲覧日：2017 年 7 月 4 日）〉.

Ward, K.（1996）. Service learning and student volunteerism: Reflection on institutional commitment. *Michigan Journal of Community Service-Learning, 3*, 55-65.

08 海外渡航時のリスク管理
学内体制の把握と検証

敦賀和外・本庄かおり・安藤由香里・小河久志・辻田　歩・大橋一友

1 背　　景

　近年，日本の大学から海外へ留学する学生数が増加傾向にある。一時期，海外留学離れが懸念[1]されたが，日本政府も留学促進のための施策[2]を打ち出してきており，減少傾向にあった海外留学は 2012（平成 24）年度で下げ止まった。2014（平成 26）年度の「文部科学白書」は，2011（平成 23）年度の約 5 万 7 千人から約 6 万人に増加と指摘している。

　他方，日本学生支援機構（JASSO）が公表している「協定等に基づく日本人学生の海外派遣状況」[3]によれば，2004（平成 16）年度に 18,570 人であった日本人留学生数は，2013（平成 25）年度には 45,082 人となり，ここ 10 年間で 2.4 倍に増加していた。さらに，JASSO のデータでは，留学期間が「1 ヶ月未満」の学生数が 2004 年度の 5,924 人（31.9%）から，2013 年度には 25,526 人（56.6%）となり，短期留学が増加していたことがみてとれる。これは，正規課程に属する長期の留学は減少し

---

1) 例えば，太田（2011）を参照。
2)「日本再興戦略〜 JAPAN is BACK」（2013 年 6 月 14 日）において，日本政府は 2020 年までに日本人の海外留学を 6 万人から 12 万人に倍増することを目標として掲げた。
3) 日本学生支援機構ウェブサイト〈http://www.jasso.go.jp/about/statistics/intl_student_s/index.html（最終閲覧日：2017 年 10 月 20 日）〉。ただし，JASSO 調査における「留学」は，「海外の大学等における学生取得を目的とした教育又は研究のほか，学位取得を目的としなくても単位取得が可能な学習活動や，異文化体験・語学の実地取得，研究指導を受ける活動等」と定義されており，文部白書で示されている「海外の大学等に在籍する日本人学生数」の統計が準拠している OECD やユネスコ統計局のデータとは一致していないことに留意する必要がある。

ていたなかでも，期間も内容もさまざまな形で，日本の大学から海外に派遣される学生は増えていたと解釈できる。

　教育の多様化のもと，海外に派遣される学生が増え続けていることは，日本の大学にとって大きな責任が生じていることを意味する。教育を充実させるために派遣業務が増加し，海外派遣に伴うリスクも大学が負うことになるからである。

　外務省の統計によると，海外での邦人の擁護件数は増加傾向にある。2005（平成17）年には 15,955 件であった擁護件数が，2014（平成 26）年には 18,123 件となっている。強盗・窃盗・詐欺案件は減少しているものの，事故・犯罪被害などの件数が 2014 年は 1 万件を超えている。

　事故・災害・事件などに巻き込まれる邦人の年齢別統計をみると，全事項で 20 代は 70 代に次いで件数が多く，「犯罪被害」に限っては全年齢層で最も多くなっている[4]。大学生に限った数値ではないものの，20 代は「リスクの高い」世代となっているといえ，大学としても看過できない状況である。2011 年，ニュージーランドで発生した地震によって，日本人留学生 28 人が亡くなった。2012 年には，ルーマニアでインターンシップを行う予定であった女子大生が事件に巻き込まれて殺害され，2013 年にはトルコで旅行中の女子大生が暴漢に襲われて死亡している。テロも世界各地で発生している昨今，学生の海外渡航について大学は今まで以上に気を配っていく必要に迫られている。

　本章は，筆者が大阪大学グローバルコラボレーションセンター所属時に，日本の大学におけるリスク管理を検証するため，JASSO が実施している留学生交流支援制度の採択プログラムを対象に行った調査の成果報告である。

2　調査方法

2-1　調査対象

　学生海外派遣の形態は，留学や語学研修から，プログラム化された短期研修，研究室単位での研修などさまざまであり，各大学においてもその総数，全体像の把握は完全ではないと予想された。そこで，本研究では，学校種別，派遣地域や派遣形態に偏りない調査対象を選択し，学生海外派遣時のリスク管理の状況の全体像を把握するた

4）外務省領事局海外邦人安全課「2014 年（平成 26 年）海外邦人援護統計」〈http://www. anzen.mofa.go.jp/anzen_info/pdf/2014.pdf（最終閲覧日：2015 年 12 月 16 日）〉。

め，JASSO が実施している留学生交流支援制度の採択プログラムを調査対象とした。

2014（平成 26）年 11 月から 2015（平成 27）年 3 月にかけて，JASSO 平成 25 年度留学生交流支援制度（短期派遣）[5] に採択された 533 プログラム（188 校）を対象に，郵送にて質問紙を送付，383 プログラム（152 校）より回答を得た（回答率 72%）。

本研究は大学における学生海外渡航時のリスク管理に関する日本で初めて実施された全国調査である。重要な知見となったと考えるが，一方で限界もあった。まず，調査対象の選定においては，回答率を上げてより妥当な結果を得るため，JASSO が実施している留学生交流支援制度の採択プログラムを対象として限定した。そのため，本研究の結果が日本の大学で実施されているプログラムの代表値であるかについては疑問が残る。また，先行研究がなく，質問項目，質問事項，表現についても改善の余地がある。たとえば，本項目の設問は「緊急時の対応を記した危機管理マニュアルが整備されていますか」であったが，この「危機管理マニュアル」の意味するところに，大学（もしくはプログラム）間で認識の相違が生じている可能性や，大学本体にはマニュアルが存在していてもプログラム担当者がその存在を知らなかった可能性もあるが，その点については本調査では明らかにできなかった。

今後，より精緻化された研究手法を用いて大学によるリスク管理体制を網羅的に検証する必要があると考える。

2-2 調査項目

質問紙はプログラム企画時，渡航前，渡航中，渡航後に検討，配慮すべきと思われるリスク管理に関連する事柄について，事実を問う項目を設定した。これらの調査項目は，主にリスク管理を考える対象によって，大きく以下の六つに分けられる。

5）留学生交流支援制度（短期派遣）の趣旨は以下のとおり。

> 我が国の大学，大学院，短期大学，高等専門学校又は専修学校（専門課程）（以下「高等教育機関」という）が，諸外国の高等教育機関と学生交流に関する協定等を締結し，我が国の高等教育機関に在籍したまま，それに基づき諸外国の高等教育機関へ短期派遣される学生に対して，渡航に必要な経費の一部を奨学金として支援することにより，グローバル社会において活躍できる人材を育成するとともに，我が国の高等教育機関の国際化・国際競争力強化に資することを目的とする」（日本学生支援機構「海外留学支援制度／留学生交流支援制度 評価・分析（フォローアップ）調査報告書」，5〈http://www.jasso.go.jp/scholarship/documents/report_01.pdf（最終閲覧日：2015 年 12 月 16 日）〉）。

【大学における学生海外渡航時のリスク管理に関するアンケート質問紙】

(1) プログラムの基本情報（設問 1–4）

(2) 学生指導に関する情報（設問 5, 6, 13, 15, 26, 27）

(3) 学内体制に関する情報（設問 7, 8, 9, 12, 20, 21, 22, 23, 24, 25, 28）

(4) 保護者対応に関する情報（設問 10, 14）

(5) 過去の事例に関する情報（設問 29, 30）

(6) 画期的な取り組みや困っている点についての自由記載

2-3　分析手法

　本研究では，前項の【大学における学生海外渡航時のリスク管理に関するアンケート質問用紙】のうち (1) プログラムの基本情報，(2) 学生指導に関する情報，(3) 学内体制に関する情報，(5) 過去の事例に関する情報を用いて分析を実施した。

　まず，分析対象プログラムの特徴を把握するため，学校種別，派遣形態，派遣期間の割合を算出した。次に，大学における学生海外渡航時のリスク管理に関する状況を把握するため，学内体制，学生への指導体制と保険請求事例の有無に関する割合を算出した。その後，リスク管理に関する学内体制はどのような要因と関連がみられるのかについて検討するため，それぞれの項目と学内体制指標分類の関連を，カイ二乗検定を用いて分析した。さらに，個々のリスク管理に関する要因の相互関連についても分析した。

　なお，分析にあたり，リスク管理に関する学内体制を以下の要領で指標化し，「学内体制水準」を評価した。上記の学内体制に関する情報に該当する 11 項目について，「はい」を 1 点，「いいえ」（欠損含む）は 0 点として合計を学内体制水準として算出した。得点の分布から，低群（8 点以下）と高群（9–11 点）の 2 群に分類した。また，学生指導に関する項目を以下の要領で指標化し，「学生指導水準」を評価した。上記の学生指導に関する情報に該当する 6 項目を「はい」を 1 点，「いいえ」（欠損含む）は 0 点として合計し，学生指導水準として算出した。なお，すべての項目が欠損の場合のみ，学生指導スコアは欠損とし（51 件），それ以外は欠損を「0」として計算した。得点の分布から，低群（0–5 点）と高群（6 点）の 2 群に分類した。

3 結　果

調査対象プログラムは，国立192プログラム（50%），公立22プログラム（6%），私立152プログラム（40%），短大・高専16プログラム（4%），その他1プログラムであった。全プログラムの派遣形態（図8-1）のうち，教職員による引率は41%と最も高く，次いで，学生一人での渡航が39%であった。派遣期間（図8-2）では2週間以上1ヶ月未満のプログラム（29%）と2週間未満のプログラム（19%）をあわせると約半数が1ヶ月未満の比較的短期のプログラムであった。

本調査項目から作成したリスク管理に関する学内体制水準（範囲：0-11点）の平均値は6.35（標準偏差（SD）=2.64）であり，高群（9-11点）は全体の23%（86プログラム）であった（表8-1）。リスク管理に関する学内体制に関する要因のうち，緊急時の対応費用の予算立て（24%），危機管理シミュレーションの実施（40%），プログラムの延期・中止・退避の基準設定の実施（32%）の実施割合が低い傾向がみられた。

調査項目から作成した学生指導水準（範囲：0-6点）の平均値は5.13（SD=0.95）であり，高群（6点）は全体の43%（142プログラム）であった（表8-2）。学生指導に関する項目のうち，学生教育研究災害傷害保険（学研災）への加入必須（57%），注意点などを記載した資料の配布（79%），安否確認のための定期連絡実施（79%）の実施率がやや低い傾向にあった。

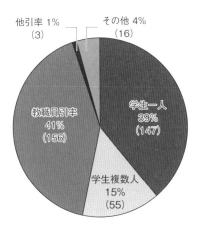

図8-1　派遣形態（n=377）

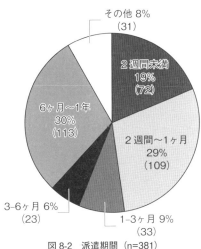

図8-2　派遣期間（n=381）

表 8-1　リスクに関する学内体制

	n	%
学内体制水準（範囲 0–11 点）（n=382）		
高群（9–11 点）	86	23
低群（0–8 点）	296	77
学内体制指標構成成分　あり（n=383）		
事故対策費用保険	235	62
緊急対応支援サービス	239	63
危機管理マニュアル	267	70
対策本部設置場所・役割分担	272	71
本部と部局の連携体制	279	73
緊急連絡網整備	314	82
緊急連絡網アップデート	294	77
緊急時対応費用の予算立て	93	24
危機管理シミュレーション実施	153	40
緊急時対応指針	180	47
延期・中止・退避の基準	124	32

表 8-2　リスクに関する学生指導体制と保険請求の有無

	n	%
学生指導体制水準（範囲 0–6 点）（n=332）		
高群（6 点）	142	43
低群（0–5 点）	190	57
学生指導体制指標構成成分　あり（n=383）		
海外旅行傷害保険加入	377	98
学研災への加入の必須化	217	57
危機管理の事前学習／オリエンテーション実施	341	89
注意点などを記した資料配布	304	79
緊急時連絡先の明示	327	85
安否確認のための定期連絡	303	79
保険請求（n=358）		
あり	147	41
なし	211	59

08　海外渡航時のリスク管理　*157*

表 8-3　リスク管理の学内体制水準と対象プログラムとの関連

		学内体制水準			
		総　数	高　群	低　群	
		n	n（%）	n（%）	p 値 *
学校種別 （n=382）	国公立大学	213	56（26）	157（74）	0.14
	私立大学	152	27（18）	125（82）	
	その他	17	3（18）	14（82）	
派遣形態 （n=376）	引率なし	202	47（23）	155（77）	0.87
	引率あり	158	34（22）	124（78）	
	その他	16	3（19）	13（81）	
派遣期間 （n=380）	2 週間未満	71	11（15）	60（85）	0.14
	2 週間以上 1 か月未満	109	27（25）	82（75）	
	1 か月以上 3 か月未満	33	5（15）	28（85）	
	3 か月以上 6 か月未満	23	2（9）	21（91）	
	6 か月以上	113	31（73）	82（27）	
	その他	31	9（29）	22（71）	

* カイ二乗検定による

表 8-4　リスク管理の学内体制水準とリスクに関する学生指導体制と保険請求の有無

		学内体制水準			
		総　数	高　群	低　群	
		n	n（%）	n（%）	p 値 *
学生指導体制水準 （n=332）	高群（6 点）	142	47（33）	95（67）	0.01
	低群（0-5 点）	190	38（20）	152（80）	
保険請求 （n=358）	あり	147	34（23）	113（77）	0.61
	なし	211	44（21）	167（79）	

* カイ二乗検定による

　表 8-3 ではリスク管理に関する学内体制水準とプログラムの属性との関連を示した。国公立大学では約 26％がリスク管理に関する学内体制水準が高いプログラムであるのに対し，私立大学では 18％であったが，統計的には有意ではなかった（p 値 = 0.14）。学内体制水準と派遣形態・派遣期間に有意な関連はみられなかった。
　表 8-4 ではリスク管理の学内体制水準とリスクに関する学生指導体制と保険請求の有無の関連を示した。リスク管理に関する学内体制水準が高い群で学生指導体制

表 8-5 危機管理マニュアルの有無と関連する学内体制

危機管理マニュアル				
		あり n (%)	なし n (%)	p 値 *
緊急時対応指針	あり (n=168)	160 (64)	8 (9)	<0.0001
	なし (n=175)	90 (36)	85 (91)	
	欠損 (n=40)			
プログラムの延期・ 中止・退避の基準	あり (n=115)	98 (39)	17 (18)	0.0002
	なし (n=231)	153 (61)	78 (82)	
	欠損 (n=37)			

* カイ二乗検定による

水準が高い傾向が認められた。学生指導体制水準が低群で学内体制水準が高群の割合は 20％であるのに対し，学内体制水準の高群で学生指導体制水準が高群の割合は33％であり，統計的に有意に異なることが示された（p値<0.01）。また，保険請求を行ったプログラムの割合に関してはリスク管理に関する学内体制水準による違いはみられなかった。

表 8-5 では危機管理マニュアルの有無と緊急時対応指針およびプログラムの延期・中止・退避の基準の有無の関連を示した。「危機管理マニュアル」が「あり」との回答が約 70％であったのに対し，「緊急時の対応指針」（被災状況の把握，被災者救援，マスコミ対応，家族対応，職員現地派遣等）が「あり」との回答が約 47％であった（表 8-1（☞ p.156）参照）。この項目間の関連を分析すると，危機管理マニュアルはあるがそのなかに緊急時の対応指針が含まれていない割合は 36％であった。また，85 プログラム（全体 383 プログラムの 22％）は危機管理マニュアルもなく，緊急時の対応指針もなかった。「危機管理マニュアル」の有無と「延期・中止・退避の基準」との関連をみると，危機管理マニュアルがあるプログラムのなかで，延期・中止・退避の基準が含まれていないプログラムは 61％であった。一方，危機管理マニュアルがないプログラムのなかで延期・中止・退避の基準が定められていないプログラムは 82％だった。

表 8-6 は「危機管理シミュレーションの実施」と「緊急時対応指針の有無」，「対策本部設置場所・役割分担の設定」の関連を示した。「危機管理シミュレーション」を実施しているプログラムのうち 44％が，緊急時対応指針がないと回答している。さらに危機管理シミュレーションを実施しているプログラムのうち，対策本部設置場

08 海外渡航時のリスク管理 *159*

表 8-6 危機管理シミュレーション実施の有無と関連する学内体制

		危機管理シミュレーション実施		
		あり	なし	
		n (%)	n (%)	p 値 *
緊急時対応指針	あり (*n*=168)	78 (56)	90 (44)	0.03
	なし (*n*=175)	61 (44)	114 (56)	
	欠損 (*n*=40)			
対策本部設置場所・役割分担の整備	あり (*n*=257)	116 (83)	141 (69)	0.0002
	なし (*n*=87)	23 (17)	64 (31)	
	欠損 (*n*=39)			

* カイ二乗検定による

所・役割分担が決まっているプログラムは 83% であるのに対し，実施していないプログラムでは 69% であった。

4 考 察

　本研究の結果，学生に対する指導は，総じて対応がなされている様子であった。しかし，大学における学生海外渡航時のリスク管理に関する個々の要因をみると，各プログラムのリスク管理体制制度は徐々に整いつつあるが，それらが実際に機能するかどうかは不安が残る状態であることがわかった。

　危機管理マニュアルについては，危機発生時にどのように対応するべきかを示したマニュアルを有しているプログラムは約 70% であった。この数値は，危機管理マニュアルの重要性を考慮すれば決して高いものとはいえないであろう。各大学のリスク管理の礎となることを考えれば，危機管理マニュアルの整備は 100% に近い数値でなければならない。特に，本調査の対象である JASSO が実施している留学生交流支援制度の採択プログラムは，その採択にあたり「派遣学生に対する危機管理体制が十分に確立されているか」という項目を審査の観点として挙げられており，申請する大学は一定程度の危機管理体制を敷いていることが想定されている。したがって，本調査の対象外のプログラムにおいても同様あるいはそれ以下である可能性も考えられる。

　緊急時の対応指針の有無及びプログラムの延期・中止・退避基準の有無についても不安の残る結果となった。さまざまなリスクに起因する危機における危機レベ

ルの決定と責任範囲の判断に際し，緊急時の対応指針やプログラムの延期・中止・退避基準などの明確な根拠をもたせることは，危機管理の実行内容に妥当性・正当性をもたせることを可能にする（永橋，2015）。しかし，本調査では「明確な緊急時の対応指針」を有していないプログラムが半数以上にものぼり，延期や中止の基準については，約3分の2のプログラムで基準がないと回答している。また，全体の25%のプログラムは危機管理マニュアルもなく，緊急時の対応指針もないと回答しており，憂慮すべき状況だといえる。自然災害は予見できるものではないが，派遣先の治安状況などは外務省が提供している安全情報で確認できる。しかし，同安全情報は，法的な強制力はなく渡航を禁止したり，退避を命令したりするものではなく，最終的な判断は派遣責任者に委ねられている。各大学でもち得る安全情報には限界があることや有事には外務省，在外公館などに協力を要請する場合が想定されることを考慮すれば，同安全情報をプログラムの延期・中止・退避の判断材料としておくのが有益であり，大学の説明責任としても必要だと考える（同安全基準とは異なる判断でプログラムを決行する場合には，受け入れ先との連携体制や安全措置の徹底など，相応の根拠を有しておく必要がある）。また，「対応指針」の不備についても，一刻を争う事態が発生した場合に学内で混乱をもたらす原因となる。リスク管理は各プログラムレベルで対応できるものだけではないので，大学全体としての指針が定まっていないと，担当者は不安を抱えたままプログラムの実施を行うこととなり，将来的に派遣者数やプログラム数を増やすことへの障壁となる可能性が考えられる。さらに，危機管理マニュアルがあるプログラムのなかでも延期・中止・退避の基準が含まれていないプログラムが61%，緊急時の対応指針が含まれていない割合が36%もあり，この結果は実効性のある危機管理マニュアルを有する大学やプログラムは非常に限定的であることを示唆する。

　危機管理シミュレーションを実施しているプログラムは40%であった。リスク管理の専門家は，危機管理シミュレーションの有用性を指摘している（インターリスク総研，2014）。国内の自然災害などを想定した避難訓練や防災訓練は消防法および消防法施行令によって義務づけられている。消防訓練の実施は管理権限者の義務[6]および防火管理者の責務[7]であり，消防計画を作成し，定期的に各訓練を実施しなければならない。なぜならば，訓練してこそ被害を最少に防げることができると考

---

6) 消防法8条1項。
7) 消防法施行令3条の2。

えられているからである。危機管理シミュレーションを実施しているプログラムで、対策本部設置場所・役割分担が決まっているプログラムは83％であるのに対し、シミュレーションを実施していないプログラムでは69％であった。シミュレーションの実施とプログラムの危機管理に対する意識の高さは相関する、つまりシミュレーションを実施することにより危機管理への感度があがり、学内体制の整備を伴う可能性が示唆される（服部, 2008）。

　リスクに関する学内体制項目においては特に緊急時の対応費用の予算立を実施しているプログラムの割合が約4分の1と低いことがわかった。予算確保は多くの大学にとって共通の課題であるが、そのなかでリスク管理関連予算をどのように優先づけしていけるかは、各大学の努力だけでなく、海外留学促進を政策目標として掲げる政府としても取り組むべき課題かもしれない。

　リスクに関する学生への指導体制についての結果から、学生への指導は概ね対応が進められていることがわかった。また、リスク管理の学内体制水準が高い大学ほど学生指導体制の水準が高い傾向もみられることから、両要因は双方向に関連していることが示唆される。ただし、本研究結果で示されたように大学における学生海外渡航時のリスク管理に関する結果では、多くの機関で学生指導体制の水準が先行して実施されている傾向がみられ、学内体制の整備が遅れていることが示されている。いずれにせよ、学内体制の整備ならびに学生への指導体制は大学における学生海外渡航時のリスク管理の両輪であり、そろって推進すべきであると考える。

[付　　記]
本研究は科学研究費補助金（挑戦的萌芽研究）「学生海外渡航時のリスク管理（予防・対策）に関する研究」（課題番号：26590209）の助成を受けて実施されたものである。

【引用・参考文献】
インターリスク総研（2014）.「海外危機管理情報―大学に求められる海外危機管理」
　　〈http://www.irric.co.jp/pdf/risk_info/outside/2014_01.pdf（最終閲覧日：2017年7月4日）〉
太田　浩（2011）.「なぜ海外留学離れは起こっているのか」『教育と医学』59(1), 68–76.
永橋洋典（2015）.「国際交流における危機管理体制―危機管理体制の構築の課題」『ウェブマガジン 留学交流』47, 48–56.
服部　誠（2008）.「リスク管理体制の構築―海外危機管理の例」『大学と学生』59, 14–19.

09 海外留学とキャリア形成
期間別でみる海外留学のインパクト

新見有紀子・岡本能里子

1 はじめに

　グローバル化が進み，国境を超えた人や物，情報の移動が盛んになったことを背景に，近年日本では，グローバル社会で活躍できる人材，すなわち「グローバル人材」の育成に対するニーズが高まっている。日本政府は日本人の海外留学者数を2020年までに12万人にすることを目標として，奨学金の拡充や大学での留学の支援推進にかかる事業を行っており，日本人の海外留学を促進させようという動きが特に活発になっている。

　グローバル人材育成推進会議（2012）によると，「グローバル人材」の定義として三つの要素が挙げられている。それらは，①語学力・コミュニケーション能力，②主体性・積極性，チャレンジ精神，協調性・柔軟性，責任感・使命感，③異文化に対する理解と日本人としてのアイデンティティー，である。これらに加えて，幅広い教養と深い専門性，課題発見・解決能力，チームワークと（異質なものの集団をまとめる）リーダーシップ，公共性・倫理観，メディア・リテラシーなども含まれるとされる。また，OECDは，21世紀のキーコンピテンシーとして，「言語を含めた多様な道具を相互作用的に活用し，自律的，主体的に判断し，多様な他者との協働を通して社会を創っていく能力」を提唱している（ライチエン・サルガニク，2006）。この能力にもグローバル人材で述べられた素養との関連性が見出せる。さらに，グローバル人材に類似した概念として，藤原（2016）は，「海外体験学習において獲得される資質能力」の10項目に言及している。それらは，分析力，思考力，想像力，プレゼンテーション力，コミュニケーション力，リーダーシップ，思いやる力，変化対応力，自己管理力，自己実現力である。これらのさまざまな素養を身につける

09　海外留学とキャリア形成　*163*

ことが，グローバル化する社会のなかで活躍するために求められているといえる。

　このようなグローバル社会で活躍できる素養を身につける上で，海外留学や，海外での体験学習などが有効であると期待されている。そして，欧米を中心にそのインパクトやアウトカムに関する調査が行われてきた。米国における先行文献では，海外留学の主な成果として，留学経験者自身の語学能力や異文化対応力の向上（Vande Berg et al., 2009）が報告されている。そして近年，欧州を中心に留学がキャリア形成に与える影響について検証した調査も増加している。

　OECD 等の統計などによる日本人の海外留学者数は，2004 年に 82,954 名とピークを迎えたが，その後減少に転じ，2014 年度は算出方法の変更による影響も受け，53,197 名となった（文部科学省, 2017）。一方，海外留学者数に関する別の統計として，日本学生支援機構が集計する，国内の大学等に在籍中の学生の交換留学等の留学者数は，特に 3 ヶ月未満などの比較的短期の留学の増加を受け，2015 年度には 84,456 名に達した。比較的長期の留学者数が停滞するなか，国内の大学に在学しながら短期で留学を行う学生の数が伸びているということが，日本におけるここ数年の傾向であるが，留学期間の違いによって，留学のインパクトは異なるのだろうか。本章では，3 ヶ月以上の留学経験者に対して実施した回顧的追跡調査[1]の定量的な調査票調査から，留学期間の異なる三つのグループと留学未経験者の留学後のキャリアや，能力，意識，満足度などの違いについて自己評価に基づいて検証した結果を示す。

2　先行文献

　留学がキャリア形成に与える影響について議論した先行研究は，特に近年，欧州で行われてきた。それによると，欧州における留学経験者は，未経験者と比較して，その後の仕事上で，国際関連の業務を担当する割合や，海外勤務の経験の割合が高いことが明らかになった（Teichler & Jahr, 2001; Wiers-Jenssen, 2008）。また，留学経験がその後のエンプロイアビリティ（雇用され得る能力）を高めるという調査結果も報告されている。たとえば，ヤンソンら（Janson et al., 2009）による，欧州におけるエラスムス（ERASMUS）奨学金受給者に対する調査によると，留学経験が卒業後の仕事を得るのに役立ったとする自己評価が回答者の過半数を占めていた。

---

1) 本研究は，文部科学省の科学研究費補助金（基盤研究（A）課題番号 25245078，研究代表者：横田雅弘）の「グローバル人材育成と留学の長期的インパクトに関する国際比較研究」（2013 年度～ 2015 年度）のもとで実施された。

また，ディ＝ピエトロ（Di Pietro, 2013）も，イタリアの高等教育卒業者の 33,015 名分のデータから，留学経験は留学経験者のエンプロイアビリティを 23.7％上昇させるということを統計モデルから導いた。これらの欧州における調査結果から，留学経験は，その後のキャリア形成や，エンプロイアビリティに影響を与えるとの調査結果が共通して示されている。

キャリアに関するインパクトを留学期間別で議論した限られた先行文献としてドワイヤー（Dwyer, 2004）は，1 年間，1 セメスター，数週間という留学期間別で，自己評価に基づく留学のインパクトを検証し，報告している。その結果，「キャリアパスに影響を与えるスキルを獲得した」「キャリアの方向性における興味に火がついた」「仕事上で活用する外国語能力を話す能力を向上させた」などのキャリア関連の項目において，長期の留学経験者の方がインパクトを高く実感している傾向にあった。このことから，より長期間の留学の方が，キャリアに関するインパクトが大きいことが示唆された。さらに，キャリア以外のインパクトついては，留学期間別で論じた先行文献が複数存在する。まず，米国におけるジョージタウン・コンソーシアム・プロジェクト（Georgetown Consortium Project；Vande Berg et al., 2009 など）において，1 年間と 1 セメスター間の留学経験者について比較したところ，外国語運用能力については留学期間が長いほどスコアが向上していた一方，異文化感受性は，1 セメスター間という中期間の留学経験者が一番向上していたことが明らかになった。他方，エングルとエングル（Engle & Engle, 2004）では，1 年間と 1 セメスター間の留学経験者を比較すると，外国語運用能力，異文化感受性ともに 1 年間の留学経験者の方が向上していたことが明らかになった。これらの調査では，外国語運用能力については 1 年間の留学経験者の方が，1 セメスター間の留学よりもインパクトが大きい傾向が共通していたが，異文化感受性については，1 年間と 1 セメスター間の留学経験者に対するインパクトは一致しておらず，さらなる調査が求められている。

日本においては，留学のキャリア上のインパクトに関する既存の調査は非常に限られている。日本学生支援機構（2012）による，海外留学経験者のフォローアップ調査によると，「留学経験が就職活動や進路の決定に役立った」と回答した者の割合は 61.8％で，進路に対する満足度は 55.6％と，それぞれ過半数を超えていた。そして，「留学が今の仕事に非常に役立っている」または「役立っている」と回答した割合は 54.3％だった。特に，仕事に役立っている能力の上位 3 位は，語学力（46.3％），異文化理解・活用力（36.4％），コミュニケーション能力（32.5％）だった。この調査結果から，日本人の留学経験は，概ね，その後のキャリアに肯定的な影響を与え

ることが示唆されている。

　また，留学期間別でのインパクトについての日本における先行文献として，日本学生支援機構・海外留学支援制度（協定派遣・協定受入）評価分析委員会（2015）は，機構の海外留学支援制度を利用して日本の大学から海外留学した学生に対して，自己評価に基づく留学効果に関する調査を実施し，3ヶ月未満のプログラムと，3ヶ月以上1年未満のプログラム参加者の回答をそれぞれ報告している。それによると，進学・就職関連の3項目である「進路や就職についての意識の向上」「将来の方向性をつかむきっかけ」「就活における強みの獲得」について，3ヶ月以上1年未満のプログラム参加者の6割程度が留学の効果を実感していた一方，3ヶ月未満の回答者は4-5割程度と若干低くなっていた。この結果から，キャリアに関する留学の効果は，留学経験が長いほど効果も高くなる可能性が示された。

　しかし，これらの日本における調査の限界としては，留学とキャリア上の影響を探究した項目自体が限られていることが挙げられる。また，留学未経験者との比較も欠如していた。グローバル社会で活躍できる人材を大学が輩出していくという要請が高まっている背景を受け，留学経験がキャリア上に及ぼす効果を明らかにし，大学等における支援を拡充し，プログラムなどの充実を図るためにも，留学のキャリア上のインパクトについて，より詳細な調査を実施することが求められている。

3　調査の手法

3-1　本調査の概要

　本章で扱うデータの元となった回顧的追跡調査の調査対象者は，主に日本で初等・中等教育を受け，高等学校以降に勉学を主たる目的として，3ヶ月以上海外の教育機関（高校，大学，短期大学，専門・技術・芸術学校，語学学校等を含む）に在籍した人である。また，過去または現在に社会人経験があることも回答者の要件とした。2014年12月から2015年5月にかけて，研究チームメンバーによる周知や，調査会社のモニターに対してデータ収集が行われ，有効回答数4,489件を得た。本章では，このデータのなかから，海外の大学学部レベルでの単位取得を目的とした，3ヶ月以上2年未満での留学経験者の回答720件を抽出した。この件数には，学部以外のレベルを含む複数回の海外留学経験がある場合には，学部レベルでの留学を「最も重要な留学」として回答した者を含んでいる。本章では，留学期間の違いによる回答の違いを分析するため，3ヶ月以上6ヶ月未満168名，6ヶ月以上1年未満

表 9-1　調査対象者（年代・性別）

		3ヶ月以上 6ヶ月未満 (*n*=168)	6ヶ月以上 1年未満 (*n*=406)	1年以上 2年未満 (*n*=146)	国内大学卒業 (*n*=710)
性　別	男	86 (51.2%)	190 (46.8%)	83 (56.8%)	334 (47.0%)
	女	82 (48.8%)	216 (53.2%)	63 (43.2%)	376 (53.0%)
年　代	50歳代以上	12 (7.1%)	35 (8.6%)	22 (15.1%)	144 (25.9%)
	40歳代	43 (25.6%)	104 (25.6%)	47 (32.2%)	244 (34.4%)
	30歳代	67 (39.9%)	139 (34.2%)	55 (37.7%)	227 (32.0%)
	20歳代	46 (27.4%)	128 (31.5%)	22 (15.1%)	95 (13.4%)

表 9-2　本章に関連した調査票質問項目の概要

カテゴリー	項　目
現在の仕事に関する属性	現在の役職，現在の年収，外資系か否か
能力の向上（18項目）	専門知識・技能，基礎学力・一般教養，外国語運用能力，コミュニケーション能力，留学先の社会・習慣・文化に関する知識（留学未経験者については「海外の社会・習慣・文化に関する知識」），リーダーシップ，積極性・行動力，異文化に対応する力，ストレス耐性，目的を達成する力，柔軟性，協調性，社交性，創造力・クリエイティビティ，忍耐力，問題解決能力，批判的思考力，論理的思考力
意識の高まり（16項目）	日本人としての意識が高まった，アジア人としての意識が高まった，地球市民としての意識が高まった，政治・社会問題への関心が高まった，外交・国際関係への興味が高まった，環境・貧困問題などの地球的課題に対する意識が高まった，平和に対する意識が高まった，多様な価値観や文化的背景を持つ人々（例：留学生・駐在員とその家族，性的マイノリティ，在日外国人など）と共生する意識が高まった，社会での男女共同参画の意識が高まった，性別にとらわれず家庭内における役割を担うことへの意識が高まった，宗教に関する寛容性が高まった，リスクをとること，チャレンジすることに関する意識が高まった，価値判断を留保して，なぜそうなのかを考えようとするようになった，自己肯定感（自信）が高まった，自己効力感（自分はやるべきことを実行できるという意識）が高まった，自己有用感（社会の中で自分は必要とされているという意識）が高まった
キャリア形成（6項目）	キャリア設計の上で助けになった，現在の仕事に就く上で助けになった，現在の年収を高めるのに役立った，現在の仕事において留学で学んだ知識やスキルを使っている（留学未経験者については「現在の仕事において国内学部で学んだ知識やスキルを使っている），起業しようという意欲が高まった，営利・非営利を含む，NPOや社会活動をしようという意欲が高まった
採用時の評価（4項目）	自分の留学経歴が評価された（留学未経験者については「卒業そのものが評価された」），留学で身につけた語学力が評価された（留学未経験者については「外国語運用能力が評価された」），留学で学んだ知識やスキルが評価された（留学未経験者については「学んだ専門的な知識やスキルが評価された」），外国人とのコミュニケーション経験が評価された
満足度（6項目）	現在の仕事，現在の収入，自分の留学経験，仕事以外のプライベートな生活，交友関係，人生

注）留学未経験者（対照群）については，国内学部の卒業経験をもとに，質問文を適宜修正し，回答してもらった。

406 名，1 年以上 2 年未満 146 名の三つのグループに分類した。また，対照群である留学未経験者については，調査会社のモニターに対してオンラインで 2015 年 8 月から 9 月に実施した調査で得られた 1,298 件の有効回答のなかから，日本国内の大学学部卒業者で，3 ヶ月未満の留学経験がない者 710 名分のデータを抽出した。分析対象者の概要は表 9-1 を参照。

3-2 調査票内容・評価方法

本章では，回答者の仕事に関する属性について，現在の役職，年収，外資系勤務の比率を比較した。また，能力の向上に関する 18 項目，意識の高まりに関する 16 項目，キャリア形成についての 6 項目，採用時の評価についての 4 項目，満足度に関する 6 項目について，リッカート法の 4 段階尺度（つよくそう思う・そう思う・あまりそう思わない・全くそう思わない）による自己評価で得た回答を分析に用いた（表 9-2）。

4 結 果

4-1 現在の役職，現在の年収，外資系比率

現在の役職と年収の平均値について，留学期間別の三つのグループと留学未経験者の回答を示したものが表 9-3 である。それによると，留学経験者と留学未経験

表 9-3 現在の役職クラス・年収について

		3 ヶ月以上 6 ヶ月未満 (*n*=168)	6 ヶ月以上 1 年未満 (*n*=406)	1 年以上 2 年未満 (*n*=146)	国内大学卒業 (*n*=710)
現在の役職	経営者・役員クラス	6.5%	5.9%	6.8%	0.3%
	管理職クラス	17.9%	19.2%	34.2%	16.9%
	一般社員クラス	50.6%	52.7%	48.6%	68.5%
	アルバイト・契約社員など	13.7%	10.6%	8.2%	14.0%
	その他	11.3%	11.6%	2.1%	0.3%
管理職比率		24.4%	25.1%	41.1%	17.2%
現在の年収（平均値）		434.5 万円	489.1 万円	587.0 万円	449.1 万円
外資系比率		10.7%	13.1%	14.4%	2.1%

注 1）管理職比率は，「経営者・役員クラス」と「管理職クラス」の割合の合計
注 2）現在の年収は，「0-200 万円」から「2000 万円以上」の間を 8 段階で区切り，加重平均値を計算

者の現在の役職の傾向は大幅に異なっており，留学経験者の方が上級の役職に就いている傾向がみられた。また，留学期間ごとの違いについては，経営者・役員クラスと管理職クラスを合計した管理職比率をみると，留学期間が長いほどその割合が高くなっていた。現在の年収についても留学期間が長いほど，平均値が高い傾向がみられたが，留学期間が一番短い3ヶ月以上6ヶ月未満の留学経験者のグループは，留学未経験者の平均年収よりも低かった。また，回答時の勤務先が外資系企業・組織の人の割合（外資系比率）についても，留学経験者は未経験者の5倍から7倍程度になっていた。留学期間別での違いでは，留学期間が長いほど，外資系に勤務している割合が若干高くなっていた。

4-2 自己評価の加重平均値

次に，留学のインパクトに関する自己評価について，能力の向上，意識の高まり，キャリア形成，採用時の評価，満足度のカテゴリーごとに，回答の加重平均値を算出し，三つの留学期間別のグループおよび留学未経験者の回答を比較した。

まず，留学（対照群については，国内大学での経験）が各種の能力の向上に影響を与えたかについての自己評価を，「つよくそう思う」を4点，「そう思う」を3点，「あまりそう思わない」を2点，「全くそう思わない」を1点として，グループごとにレーダーチャートに示したものが図9-1である。

能力の向上に関する18項目全てにおいて，留学経験者の方がインパクトを高く

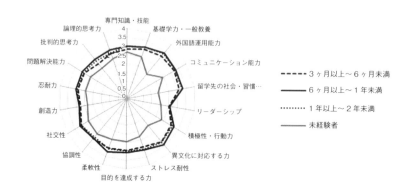

図9-1　能力の向上についての自己評価

注）留学未経験者（対照群）については，国内学部の卒業経験をもとに，質問文を適宜修正し，回答してもらった。

09 海外留学とキャリア形成

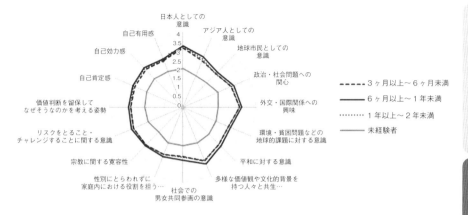

図9-2 意識の高まりについての自己評価

自己評価していた。特に，「外国語運用能力」「留学先の社会・習慣・文化に関する知識」「異文化に対応する力」についてその差が大きかった。一方，留学期間別では，回答にさほど大きな差はみられなかった。

次に，留学（対照群については，国内大学での経験）が意識の高まりに与えた影響に関する自己評価について，グループごとの加重平均値を示したものが図9-2である。

意識の高まりに関する16項目についても，全ての項目において，留学経験者の方が，留学未経験者よりもそのインパクトを高く自己評価していた。留学期間の違いによる意識の高まりの自己評価については，あまり差がみられなかった。

また，留学（対照群については，国内大学での経験）がキャリア形成などに影響を与えたかについての自己評価を，加重平均値をグループごとにレーダーチャートに示したものが図9-3である。

キャリア形成に関する六つの項目でも，留学経験者の方が，未経験者よりも全般的にインパクトを実感していることが示された。留学期間別では，「キャリア設計の上で助けになった」「現在の仕事につく上で助けになった」という項目については，6ヶ月以上の留学経験者に肯定的な回答が多かった。他方，「NPOや社会活動をしようという意欲が高まった」「起業しようという意欲が高まった」という項目については，留学経験者・未経験者ともに，他の項目よりも平均値が低く，留学経験者の留学期間別で比較すると大きな差はみられなかった。

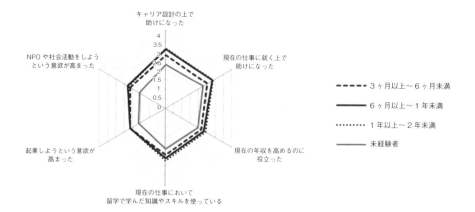

図 9-3 キャリア形成についての自己評価

注）留学未経験者（対照群）については，国内学部の卒業経験をもとに，質問文を適宜修正し，回答してもらった。

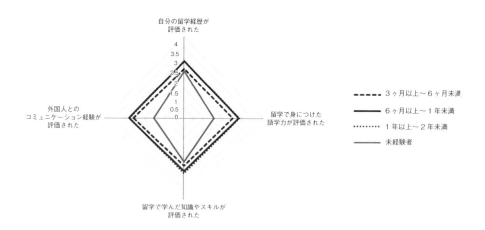

図 9-4 採用時の評価についての自己評価

注）留学未経験者（対照群）については，国内学部の卒業経験をもとに，質問文を適宜修正し，回答してもらった。

　さらに，留学経験（対照群については，国内学部での経験）が採用時に評価されたかについての自己評価について，4段階での回答の加重平均値をグループごとにレーダーチャートに示したものが図9-4である。

　採用時の評価に関する四つの項目のうち，「留学で身につけた語学力（対照群は

09 海外留学とキャリア形成　　171

「外国語運用能力」）が評価された」および「外国人とのコミュニケーション経験が評価された」についての自己評価は，留学経験者の方が留学未経験者よりも高く，その差が大きかった。一方，「自分の留学経歴（対照群は「卒業そのもの」）が評価された」「留学で学んだ知識やスキル（対照群は「学んだ専門的な知識やスキル」）が評価された」については，6ヶ月以上の留学経験者と，6ヶ月未満の留学経験者の加重平均値に差がみられたが，留学未経験者と，6ヶ月未満の留学経験者の加重平均値は類似していた。すなわち，採用時における語学力や外国人とのコミュニケーション経験の評価は，留学経験の有無で自己評価に差がつく傾向がみられた一方，留学経歴や学んだ知識・スキルの評価については，6ヶ月未満という比較的短期の留学の場合は留学未経験者と比べて評価があまり変わらないという結果となった。

　最後に，留学経験者と未経験者のキャリアや人生に関する満足度に関する項目について，4段階の自己評価での回答の加重平均値を，留学期別の三つのグループと留学未経験者のグループごとに算出し，レーダーチャートに示したものが図9-5である。

　これらの六つの満足度に関する項目でも，留学経験者の方が未経験者よりも全般的に高い自己評価だった。しかし，キャリアに関連した「あなたは，現在の仕事に満足している」および「あなたは，現在の収入に満足している」の2項目について，留学経験者の自己評価の絶対値は満足度に関する他の項目より低く，留学未経験者

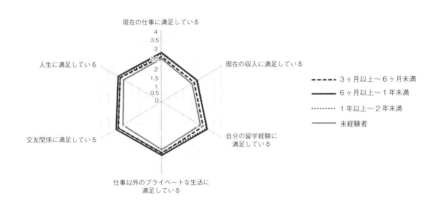

図9-5　満足度についての自己評価

注）留学未経験者（対照群）については，国内学部の卒業経験をもとに，質問文を適宜修正し，回答してもらった。

172

との差も小さかった。これらのキャリアに関する満足度の2項目について，留学経験者のグループを留学期間で比較すると，6ヶ月未満の短期間の留学経験者の自己評価は，6ヶ月以上の中・長期の留学経験者の二つのグループよりも低かった。一方，人生の満足度や，交友関係の満足度，仕事以外のプライベートな生活への満足度についての自己評価は，6ヶ月以上1年未満の留学経験者が一番高く，6ヶ月未満と1年以上の留学経験者のグループの回答はそれより低めの値で類似していた。

4-3　分散分析結果

次に，能力の向上，意識の高まり，キャリア形成，採用時の評価，満足度のカテゴリーの下位項目の平均値について，留学期間別の三つのグループと留学未経験者のグループごとに算出し，一元配置分散分析を行った結果を報告する（表9-4）。

全てのカテゴリーの加重平均値において，留学経験者の三つのグループ全てが留学未経験者のものよりも有意に高かった。また，留学経験者同士の留学期間別での比較では，意識の高まりについては，留学経験者の3グループ間では差が認められなかった。能力の向上および満足度については，6ヶ月以上1年未満という中期間のグループが，3ヶ月以上6ヶ月未満という短期の留学経験者よりも有意に高かった。キャリア形成および採用時の評価に関する自己評価については，留学期間の長い1年以上2年未満と，6ヶ月以上1年未満の二つのグループが，3ヶ月以上6ヶ月未満の留学経験者よりも高かった。

表9-4　下位の自己評価の平均値，標準偏差，分散分析，多重比較結果

	1. 3ヶ月以上 6ヶ月未満 (*n*=168)		2. 6ヶ月以上 1年未満 (*n*=406)		3. 1年以上 2年未満 (*n*=146)		4. 国内大学卒業 (*n*=710)		F値	多重比較
	Mean	*SD*	*Mean*	*SD*	*Mean*	*SD*	*Mean*	*SD*		
能力の向上	2.93	0.46	3.08	0.44	3.00	0.46	2.33	0.53	244.15*	2>1 2, 3, 1>4
意識の高まり	2.83	0.56	2.95	0.54	2.85	0.55	2.01	0.57	305.30*	2, 3, 1>4
キャリア形成	2.35	0.76	2.54	0.71	2.58	0.68	1.96	0.60	84.92*	3, 2>1>4
採用時の評価	2.44	0.83	2.74	0.85	2.78	0.82	1.88	0.53	162.36*	3, 2>1>4
満足度	2.65	0.57	2.82	0.59	2.75	0.64	2.45	0.55	40.02*	2>1 2, 3, 1>4

注1）*p<.001
注2）多重比較は Games-Howell 法（有意水準は5%）の結果を記載。二つの次元間の有意差を不等号で示した。

5 考　　察

　調査の結果，海外の学部へ単位取得を目的として留学をした人と留学未経験者との比較を行うと，留学経験者の方が，留学未経験者よりも能力の向上，意識の高まり，満足度について概ね高く評価していた。これは，留学経験者の方が，未経験者よりも語学能力や異文化対応力が向上していたとするヴァンデ＝バーグら（Vande Berg et al., 2009）などとも共通した結果であるといえる。さらに，キャリアに関して，役職，収入，外資系の比率について，特に中・長期間の留学経験者の方が留学未経験者よりも顕著に高かった。そして，特に中・長期間の留学経験者は留学未経験者の国内学部における経験と比較して，キャリア形成や採用時の評価において，留学の影響を高く自己評価していることがわかった。留学がエンプロイアビリティを高めるという欧米における先行文献の結果（Janson et al., 2009; Di Pietro, 2013）と同様の傾向が確認され，また，日本学生支援機構（2012）における，留学経験者のキャリア上の肯定的な自己評価の結果とも一致していた。これらの結果から，日本人の留学経験は，さまざまな能力や意識を高める上で役立つとともに，キャリア形成の機会にもなり，採用時の評価にも繋がっていることが窺える。

　次に，留学経験者同士の留学期間別のキャリア上の効果を比較すると，1年以上2年未満と，6ヶ月以上1年未満の二つのグループの方が，3ヶ月以上6ヶ月未満という短期で留学したグループよりも，キャリア形成や採用時の評価におけるインパクトを高く自己評価していた。半年未満の比較的短期の留学では，キャリア形成における影響が限定的であり，また留学経験の採用時の評価も低いと認識していたことが明らかになった。より長い留学経験者の方が，キャリア関連のインパクトを実感しているという傾向は，米国のドワイヤー（Dwyer, 2004）や日本学生支援機構・海外留学支援制度（協定派遣・協定受入）評価分析委員会（2015）の結果とも共通していた。

　その一方で，本章の分析では，能力の向上と満足度に関して，1年以上2年未満という長期での留学と，3ヶ月以上6ヶ月未満の短期のグループの効果に差がみられなかった。また意識の高まりについても，留学期間の違いによる自己評価には有意差は認められなかった。3ヶ月以上6ヶ月未満という比較的短期の留学であっても，各種の能力や意識についての伸びは，6ヶ月以上の長期の留学と比較しても実感される傾向にあり，留学期間の長さだけが能力の向上，意識の変容，満足度に影響を与えているとはいえないことが明らかになった。したがって，「はじめに」で述

べた，グローバル人材の定義として挙げられている三つの要素（グローバル人材育成推進会議，2012），OECD の 21 世紀のキーコンピテンシー（ライチエン・サルガニク，2006），藤原（2016）で示されている「海外体験学習において獲得される資質能力」の 10 項目 に関連した素養の育成には，短期の留学も効果的であるとみられ，より短期の海外体験学習についてもその効果が期待できるのではないかといえる。

6 おわりに

　以上，量的なデータを用いて，学部レベルでの単位取得を目的とした 3 ヶ月以上の留学経験者のキャリアに関連する自己評価について，留学期間の違いと，留学経験の有無による比較結果を報告した。海外留学経験は，グローバルに活躍できる人材の育成に効果的な学習の機会となることが明らかになり，短期の留学であっても，キャリア以外の側面における，グローバル人材としての能力や意識の高まりに効果的であることが示唆された。他方，キャリア形成や採用時のインパクトについては，短期の留学の効果が限定的であることが示された。今回の量的調査の結果をふまえ，海外留学や海外体験学習がキャリア形成に及ぼすインパクトをさらに追っていくには，インタビュー調査などの質的な側面からの分析も加える必要がある。本研究会が進めてきた 1 ヶ月未満の海外体験学習がキャリア形成に与えるインパクトについては，まだ未開拓の研究領域である。今後の研究の進展に向け，岡本による「1 ヶ月未満の海外体験学習におけるインパクト（質問紙調査から）」を補足資料として示した。グローバル化する社会で活躍できる人材を育てていくために，大学における留学経験や海外体験学習による効果的な学習機会を提供する上で，さらなる知見の蓄積が望まれる。

【引用・参考文献】

グローバル人材育成推進会議（2012）.「グローバル人材育成戦略（グローバル人材育成推進会議審議まとめ）」〈http://www.kantei.go.jp/jp/singi/global/1206011matome.pdf（最終閲覧日：2016 年 12 月 31 日）〉

新見有紀子・渡部由紀・秋庭裕子（2016）.「グローバル人材育成と留学の中長期的インパクトに関する研究」国際アジア文化学会第 25 回大会発表資料〈http://recsie.or.jp/wp-content/uploads/2016/04/ACSI2016_final.pdf（最終閲覧日：2016 年 8 月 20 日）〉

立田慶裕（2014）.『キー・コンピテンシーの実践──学び続ける教師のために』明石書店

日本学生支援機構（2012）.「平成23年度「海外留学経験者追跡調査」報告書—海外留学に関するアンケート』〈http://ryugaku.jasso.go.jp/datas/master_link_details/pdf/420150216173809_DfECl.pdf（最終閲覧日：2017年10月20日）〉

日本学生支援機構・海外留学支援制度（協定派遣・協定受入）評価分析委員会（2015）.「留学生交流支援制度／海外留学支援制度評価・分析（フォローアップ）調査報告書」〈http://www.jasso.go.jp/sp/ryugaku/tantosha/study_a/short_term_h/__icsFiles/afieldfile/2016/01/06/report_all.pdf（最終閲覧日：2016年12月31日）〉

藤原孝章（2016）.「海外体験学習におけるルーブリックの活用—タイ・スタディツアーにおける学びの評価」『ウェブマガジン 留学交流』65, 25–30.〈http://www.jasso.go.jp/ryugaku/related/kouryu/2016/__icsFiles/afieldfile/2016/08/05/201608fujiwaratakaaki.pdf（最終閲覧日：2016年8月27日）〉

文部科学省（2017）.「日本人の海外留学状況」〈http://www.mext.go.jp/a_menu/koutou/ryugaku/__icsFiles/afieldfile/2017/05/24/1345878_1.pdf（最終閲覧日：2017年9月8日）〉

ライチエン, D. S.・サルガニク, L. H.［編著］／立田慶裕［監訳］（2006）.『キー・コンピテンシー—国際標準の学力をめざして』明石書店

横田雅弘他（2015）.「グローバル人材育成と留学の長期的なインパクトに関する調査」（科学研究費補助金（基盤研究（A）））サマリーリポート〈http://recsie.or.jp/wp-content/uploads/2016/04/summary-report20151230.pdf（最終閲覧日：2016年8月15日）〉

Di Pietro, G. (2013). Do study abroad programs enhance the employability of graduates?. *IZA Discussion Paper, 7675*.〈http://www.iza.org/en/webcontent/publications/papers/viewAbstract?dp_id=7675（最新閲覧日：2017年10月6日）〉

Dwyer, M. M. (2004). More is better: The impact of study abroad program duration. *Frontiers: The Interdisciplinary Journal of Study Abroad, 10*, 151–163.

Engle, L., & Engle, J. (2004). Assessing language acquisition and intercultural sensitivity development in relation to study abroad program design. *Frontiers: The Interdisciplinary Journal of Study Abroad, 10*, 219–236.

Janson, K., Schomburg, H., & Teichler, U. (2009). *The professional value of ERASMUS mobility: The impact of international experience on former students' and on teachers' careers*. Bonn: Lemmens.

Schmidt, S., & Pardo, M. (2012). *The contribution of study abroad to human capital for United States college students* (*Preliminary*). Union College, Schenectady, NY.

Teichler, U., & Jahr, V. (2001). Mobility during the course of study and after graduation. *European Journal of Education, 36*(4), 443–458.

Vande Berg, M., Connor-Linton, J., & Paige, R. M. (2009). The Georgetown Consortium project: Interventions for student learning abroad. *Frontiers: The Interdisciplinary Journal of Study Abroad, 18*, 1–75.

Wiers-Jenssen, J. (2008). Does higher education attained abroad lead to international jobs? *Journal of Studies in International Education, 12*(2), 101–130.

176

［補足資料］
1ヶ月未満の海外体験学習におけるインパクト（質問紙調査から）

岡本能里子

1　質問紙による調査

本書第9章の新見・岡本論文の調査結果では，採用時の評価に加え，キャリア満足度でも，6ヶ月以上の留学経験者の方が自己評価は高かった。しかし，人生や交友関係，仕事以外のプライベートな生活への満足度については，1年以上の留学経験者をしのいで6ヶ月以上1年未満の留学経験者が一番高かった。このように，必ずしも留学の長さに直結しない効果もあることが注目される。ここでは，1ヶ月未満の体験学習について，質問紙を中心に調査した内容を示すことにする。

まず，海外体験学習を牽引してきた引率担当者3名の協力を得て，メールでの聞き取り調査を行なった。その結果，進学や就職率との関係を海外学習参加者のみを抽出して調べることまでは難しく行なわれていないこと，さらに，卒業時の調査はあっても，その先の追跡調査までは手が回らない現状であること，個人情報の観点から，外部の者が個別に卒業生にコンタクトをとって調査することは難しいことなどがわかった。

調査は，東京国際大学の卒業生にメールで質問紙（表9a-1）を送るとともに，他大学の卒業生には，引率者に調査を依頼した。その結果，13名（男7名，女6名）の卒業生から回答を得た。回答者は2006年から2015年の間に，大学が実施した1ヶ月未満の海外体験学習経験者で，現在の進路は，企業，教育職および大学院在籍である。分析対象者の概要は表9a-2のとおりである。

表 9a-1　質問紙内容

1. 海外体験学習とキャリア形成について
（1）就活（進学準備も含む）に活かすことができたか。どのような点か。
（2）卒業後の職場や進路先などでどのように活かされているか。どのような点か。
2. キャリア形成のためにどのような工夫が必要か
（1）プログラム実施中
1）大学として必要なこと
2）参加者自身として必要なこと
（2）プログラム終了後
1）大学として必要なこと
2）参加者自身として必要なこと

09 海外留学とキャリア形成　*177*

表 9a-2　調査対象者リスト

回答者番号	性別	卒業年度	進路	キャリアパス	参加プログラム	参加年度学年次	参加日数
1	男	2008	フリーランスフォトジャーナリスト	大学→ウェディングカメラマン→新聞社契約カメラマン→現職	モンゴルフィールドスタディ	2006 3 年次	10 日間
2	男	2010	中学校教員（社会科）	大学→盲学校（臨採）→現職	国連フィールドスタディー	2009 3 年次	1 週間
3	男	2013	家具メーカー	大学→現職	カンボジアスタディーツアー	2011 2 年次	10 日間
4	男	2014	自動車工業	大学→大学院（国内）→現職	カンボジアスタディーツアー	2013 3 年次	2 週間
5	男	2014	国内大学院	大学→大学院	モンゴルフィールドスタディ	2013 3 年次	1 週間
6	男	2015	食品商社	大学→現職	インド異文化ボランティア体験セミナー	2014 3 年次	3 週間
7	男	2016	海外大学院	大学→大学院（海外）	インド異文化ボランティア体験セミナー	2015 3 年次	3 週間
8	女	2004	日本語学校教師	大学→海外日本語教師→大学院（国内）→大学職員（海外）→現職	モンゴルフィールドスタディ	2004 4 年次	2 週間
9	女	2005	高等学校教員（英語）	大学→大学院（国内）→現職	モンゴルフィールドスタディ	2004 3 年次	10 日間
9	女	2005	高等学校教員（英語）	大学→大学院（国内）→現職	国連フィールドスタディ	2005 4 年次	2 週間
10	女	2013	日本語学校教師	大学→現職	パプアニューギニアフィールドスタディ	2012 3 年次	1 週間
11	女	2014	日本語学校教師	大学→現職	モンゴルフィールドスタディ	2013 3 年次	1 週間
12	女	2014	企業	大学→海外日本語教師→現職	モンゴルフィールドスタディ	2013 3 年次	1 週間
13	女	2015	海外高等学校日本語教師	大学→現職	モンゴルフィールドスタディ	2012 1 年次 2014 3 年次	1 週間

2 結 果

1）就職活動時における影響（効果）

　表9a-1の1.（1）の「就活（進学準備も含む）に活かすことができたか」に対して，13名全員が活かすことができたと回答している。そこで，「どのような点か」の回答を「能力の向上」「意識の高まり」「キャリア形成」「採用時の評価」の順にまとめる。以下回答の文末に表9a-2の回答者番号を（　）で示した。

①能力の向上についての自己評価

日本語教員：コミュニケーション能力，積極性，行動力，リーダーシップ，論理的思考力

・事後学習において，報告会やプレゼンテーション大会への参加を通じてプレゼンテーション能力やそのためのパワーポイント作成のスキルが伸び，人前での発表や資料作成を以前より円滑に行うことができるようになった。生徒へのアドバイスに役立っている。（13）
・日本語の授業だけでなく国際交流や様々なイベントの企画と運営，受験指導を担当し様々な経験を得ることができた。（12）

教職：創造力，論理的思考力，積極性，行動力

・就活に限らないが，自分の経歴をふりかえり，一見関係ないような体験でも，自分にとって一本に結び付けられる。（9）
・私は海外体験学習に参加したのは，「二度とチャンスがないかもしれない」と思って参加した。関係ないかもしれないが，普段の生活で何か行動に移せないときは，「これを逃したらチャンスはないかも」と行動してきた。それができたのは，海外体験学習の経験があるからだと思う。（9）

企業，進学（大学院）→企業：異文化に対応する力，柔軟性

・異文化を経験したことによる価値観の変容が，多角的な思考につながった。（3）
・自身がどのような人間で，どこに強みや弱みがあるのかということを考えるきっかけとなった。（4）
・大学院進学を決めるきっかけとなった点。カンボジアに行ってみて自身の知らない世界の大きさを知り，より学んでみたいと考えた。（4）

②意識の高まりについての自己評価

日本語教員

・海外と関われる仕事に就きたいと漠然と思っていたが，2週間という短い期間でも海外で体験（私の場合日本語教育）できたことにより，やってみようと思えるようになった。（8）
・グローバルな視点を持った人財は企業にとって必要不可欠だと思う。それは大学時代に海外に目を向け，アメリカやヨーロッパだけではなく経済発展を遂げた日本がアジアと世界で担う役割の理解とアジアの発展を目指す志が必要だからだ。（12）

③キャリア形成についての自己評価

日本語教員

・日本留学試験対策を教えたことで，外国人留学生が日本の大学などに進学する際に必要な各試験を知り，教える経験ができた。この点は就職先で仕事をする際に非常に役に立った。（10）

企 業

・ボランティア先である「マザーハウス」での出来事。利用者さんへの食事の介助にて，涙を流しながら食べられる方や，無心で頬張る方の姿に感銘を受け，普段何気なく当たり前のように食事をしているのが有り難くとても幸せなことだと気づいた。セミナー参加中は就職活動真最中だったため，当初志望していた業界から方向転換。「食」への関心から食品業界を志望し，現在の職場に入社するに至った。（6）

進　学

・私は現在インドの Banaras Hindu University の M. Sc. Environmental Science というコースで大学院生として勉強しております。まず海外体験学習でインドを訪れていなければ，今の選択肢は思い浮かびませんでした。また，現在在籍中の大学は，その海外体験学習時に訪れた 2 つの大学のうちの一つでもあります。［…中略…］なぜわざわざインドの大学に進学したのかというと，この海外体験学習時に自分と徹底的に向き合い，自分の意識や考えを突き詰めていったことがきっかけとしてあります。ボランティア活動やグループディスカッションなどを通じて自分がどう感じたのかをふりかえる作業を毎晩行っていました。［…中略…］その時に「これがやりたい」とはっきり自覚できたわけではありませんでしたが，もっとしっかりと違う世界を見てみたいという気持ちにはなりました。帰国後は野心的な自分と安定志向な自分との間で葛藤がありましたが，結局は海外体験学習で感じた感覚を信じて優先しました。そこで出た選択肢が途上国に長く滞在するというもので，その時にインドで訪れた大学を思い出し，進学を決意しました。(7)

④採用時の評価についての自己評価

13 名とも，採用時に評価されたと述べていた。日本語教育実習を体験し日本語教員となった者は，進路先の仕事と直結しているため，具体的に採用時に効果があった点をあげている。また，中学や高校教員になった者も，自己 PR に効果があったという点は，共通していた。

日本語教員

・海外で日本語を教えた経験がある経験者として，評価された。(10)
・バックグラウンドがしっかりしている学校での実習を経験したという点を，就職活動での自分の売りにできた。(11)
・日本語学校で働く場合，多くの方が日本語教員養成所の出身となるため，大学でこのような経験をしたという点も，採用の際に相手の目を引くポイントになった。(11)
・大学生活の中で自分はどう変化し成長することができたか話をする際にはモンゴルでの現地学習を通じて日本語教員への道を見つけることができた人生のターニングポイントの一つとして話すことができたため，相手から関心を持ってもらうための話題の一つとなった。(12)

教　　職

経験を採用試験の面接時にも話し，自己 PR のひとつとした。職業選択の決定にも影響した。(2)

進学（大学院）→企業

自己理解が深まり，エントリーシートや面接時に自己 PR に活かせた。(4)

2）場や進路先での影響（効果）

表 9a-1 の 1.（2）の「卒業後の職場や進路先などでどのように活かされているか。どのような点か」についての回答を示す。

進学（大学院）→企業

・ふりかえりをする習慣が身についた。自身の認識を疑い，間違いに気付くことができるようになった。カンボジアで自身の当たり前という認識が必ずしも正解ではないということに気付くことができた。この経験から，職場や大学院での生活において，自身の認識と異なる出来事が生じた際，相手や物事を疑うのではなく，自身の認識を疑い，間違いに気付くことができるようになった。(4)

企　　業

・価値観が違う相手に対しての応対の仕方に活かされている。(3)

日本語教員

・留学生の立場や気持ちを考えることができるようになった。また進学校という点でも，今の勤務校で進学校から来た留学生をどのようにモチベーションを高く維持し，指導につなげていくかなど。(11)
・日本留学試験対策を教えたことで，外国人留学生が日本の大学などに進学する際に必要な各試験を知り，教える経験ができた。この点は就職先で仕事をする際に非常に役に立った。(13)
・学年，年齢が異なるメンバーの中で自分が何をすべきか，また自分の立ち位置を理解し，自分ができることは何か判断する力がつき，現在の職場で「ホウレンソウ」を意識化せずとも自然にすることができるようになった。(13)

教職（英語）

・常に，意識の中に「世界」がある。また，時折体験談を話すと興味を持たれる。現在勤めている高校は修学旅行が海外であるが，地方ということもあるせいか，「修学旅行に海外は行きたくない」という声が大半。簡単ではないが，自分の経験が彼ら彼女たちへの声がけに役立っている。(9)

教職（社会）

・社会科を教える上で，体験談を授業などで話すことができる。そこでの経験をもとに授業づくりなどができる。生徒の進路指導にも影響している（シンガポールの高校へ進学する生徒を応援した）。(2)

3 考　察

　まず，質問回答 1.（1）の就活での効果としては，第 9 章新見・岡本論文の表 9-2（☞ p.166）の 4 カテゴリーに含まれる多くの項目が見出せた。特に能力については，グローバル人材の要素との重なりがみられた。また，「意識の高まり」が進路選択に繋がるといった量的調査ではみえにくいカテゴリー間や項目間での繋がりや関連性が見出せた。次に，質問回答 1.（2）の就職後の効果としては，第 9 章の表 9-2 の「キャリア形成」「採用時の評価」の項目について具体的な内容が明らかになった。さらに，プログラム終了後の多様な協働活動や，後輩の支援などを通してキャリア形成への肯定的なインパクトがさらに深く育まれたこともわかった。これらのことから，それぞれのキャリアのなかで，困難にぶつかった際や立ち止まった時に，立ち返る場として海外体験学習が深く機能していることが示唆された。また，回答者自身，質問紙に答える過程で海外体験学習の経験をふりかえる機会となり，キャリア形成や自身の今の生活と海外体験学習とが繋がっていることを改めて気づかされたとのコメントが多くみられた。

　今回は，質問項目の 2. の「キャリア形成のためにどのような工夫が必要か」の詳細な分析はできなかった。しかし，そのなかの（2）プログラム終了後について，参加者 OB として，次に参加する人たちのサポートやフォローなどによる継続的なプログラムの発展を見守ることも，自分にとっての学びであること，そのために大学もそれが可能な機会を提供する必要性があることなども述べられていた。キャリア形成への効果は，事後学習や在学中のふりかえりだけでなく，卒業後の後輩への支

援における，自己が学ぶ側から教える立場へと変容する過程での省察を通しても得られることが示唆された。

事項索引

A-Z
JOELN　*1*

あ行
アクティブラーニング　*27, 41*

エンプロイアビリティ（雇用され得る能力）　*163*

か行
海外研修　*5*
海外体験学習　*3, 5, 13, 114, 115*
海外体験学習の受入側に与える影響　*114, 116*
海外体験学習プログラムの制度化　*134, 147*
学士力　*12*
カンボジア　*117*

危機管理　*6, 7*
危機管理シミュレーション　*160*
危機管理マニュアル　*159*
教職協働　*10, 11, 133*

グアム　*62*
グローバル市民　*17, 45*
グローバル人材　*16, 45, 94, 162*

恵泉女学園大学報告　*116, 124*

国際基督教大学（ICU）　*137*

国際ワークキャンプ　*76, 81*
孤児院ツーリズム　*115*
子どもの権利条約　*115*
コミュニティ　*117*
コラージュ　*64*

さ行
サービスラーニング　*5, 129*

ジェネリックスキル　*110*
事前活動　*37, 38*
実践共同体　*78*
実践の文化　*86*
シティズンシップ教育　*110*
児童労働　*36*
主体性の涵養　*35*

スタディツアー　*46*

正統的周辺参加　*78*

た行
体験活動　*34-37*
他者理解　*35*

地域へのアセスメント（評価）マトリックス　*117, 118*
チャモロ　*62*
調査活動　*32-34*

な行
日本学生支援機構（JASSO）　*151*

は行
パートナー団体　*117*
ハネムーン効果　*48*

貧困ビジネス　*115*

フェアトレード　*32*
深い関与　*26, 40*
深い関与の条件　*27, 28, 40, 41*
ふりかえり　*7-10, 13*
ブリコラージュ　*64*

変容的学習　*67*
変容プロセス　*67*

ま行
マリアナ諸島　*62*

桃山学院大学（MGU）　*135*

ら行
ラーニングアウトカム　*12*

リスク管理　*152, 159*
リスク・コミュニケーション　*97-100, 105*
留学　*151*
留学がキャリア形成に与える影響　*162*

ロールプレイ　*35*
ロヒンギャ　*107*

人名索引

A-Z

Browne, K.　*115*

Jahr, V.　*163*

Teichler, U.　*163*

Wiers-Jenssen, J.　*163*

あ行

アウンサンスーチー　*107*

芦沢真五　*1*

東　優也　*14*

安藤由香里　*15*

池田庸子　*137*

石井丈士　*16*

居城勝彦　*68, 69, 96, 116*

磯　久晴　*13, 29*

伊藤高章　*20, 143, 144*

稲垣伴憲　*11*

乾　美紀　*61*

ヴァンデ＝バーグ（Vande Berg, M.）　*163, 164, 173*

上野英信　*20*

ウェンガー，E.　*14, 78, 86, 91*

エングル（Engle, J.）　*164*

エングル（Engle, L.）　*164*

大川貴史　*15, 145*

太田　浩　*151*

大場　淳　*133, 149*

大橋一友　*15, 97*

大橋正明　*3, 5, 16, 96*

岡島克樹　*1, 15, 55, 96,*　*115, 116, 133, 135*

岡本能里子　*16, 174, 176,*　*180*

小河久志　*15*

奥野信行　*79*

織田雪江　*64*

か行

春日直樹　*62*

加藤恵津子　*16, 17*

金子尚矢　*11*

川島啓二　*12*

木下冨雄　*99*

木村淑恵　*79*

窪田光男　*90*

栗山丈弘　*116*

黒沼敦子　*15, 116, 139,*　*142, 147*

ゲルモン，S. B.　*117, 118*

小長谷有紀　*66, 67*

さ行

齋藤百合子　*56, 57, 96,*　*116, 134*

佐藤　豊　*143*

サルガニク，I. H.　*162, 174*

新見有紀子　*15, 176, 180*

千本梨紗子　*16*

た行

高野利雄　*88*

高橋優子　*115, 116*

竹内一真　*79*

武田里子　*17*

辰野千壽　*51*

田中　博　*116*

田中義信　*2, 12, 13, 16*

辻田　歩　*15*

敦賀和外　*15*

ディ＝ピエトロ（Di Pietro, G.）　*164, 173*

デューイ，J.　*129*

常葉 - 布施美穂　*67*

ドワイヤー（Dwyer, M. M.）　*164, 173*

な行

永橋洋典　*160*

中山京子　*14, 65*

子島　進　*1, 4, 5, 8, 9, 17,*　*96, 115, 133*

は行

バークレー，E. F.　*26-28,*　*40*

服部　誠　*161*

濱名　篤　*109*

林加奈子　*61, 73*

藤山一郎　*116*

藤原孝章　*4, 5, 14, 45-47,*　*50, 53, 55, 57, 58, 60, 67,*　*68, 99, 109, 116, 162, 174*

ベック，U.　*109, 110*

星野晶成　146
本庄かおり　15

ま行
マザーテレサ　13, 143

箕曲在弘　14, 30, 31, 43, 51

村上むつ子　16, 134
メジロー, J.　61, 66-69

や行
山口紗矢佳　14
山本眞一　137, 149
ヤンソン（Janson, K.）
　163, 173

横田雅弘　4, 16, 163
吉田　文　17

ら行
ライチエン, D. S.　162, 174

レイヴ, J.　14, 78, 86, 91
レヴィ＝ストロース, C.
　64

わ行
和栗百恵　7, 8, 134
渡辺　恵　52
渡部留美　146

執筆者紹介 （執筆順・編者は*）

子島　進*（ねじま すすむ）
東洋大学教授
担当：00

藤原孝章*（ふじわら たかあき）
同志社女子大学教授
担当：00・02

箕曲在弘（みのお ありひろ）
東洋大学准教授
担当：01

中山京子（なかやま きょうこ）
帝京大学教授
担当：03

東　優也（あずま ゆうや）
海老名市立東柏ケ谷小学校
担当：03

山口紗矢佳（やまぐち さやか）
特定非営利活動法人 NICE（日本国際ワークキャンプセンター）幹事
担当：04

齋藤百合子（さいとう ゆりこ）
明治学院大学准教授
担当：05

岡島克樹（おかじま かつき）
大阪大谷大学准教授
担当：06

黒沼敦子（くろぬま あつこ）
国際基督教大学サービス・ラーニング・センター講師・コーディネーター
担当：07

大川貴史（おおかわ たかし）
桃山学院大学教務部国際センター事務課
担当：07

敦賀和外（つるが かずと）
津田塾大学学外学修センター副センター長／特任教授
担当：08

本庄かおり（ほんじょう かおり）
大阪医科大学教授
担当：08

安藤由香里（あんどう ゆかり）
大阪大学特任講師
担当：08

小河久志（おがわ ひさし）
常葉大学講師
担当：08

辻田　歩（つじた あゆみ）
立教大学教育研究コーディネーター
担当：08

大橋一友（おおはし かずとも）
大阪大学教授
担当：08

新見有紀子（しんみ ゆきこ）
一橋大学講師
担当：09

岡本能里子（おかもと のりこ）
東京国際大学教授
担当：09・補足資料

田中義信（たなか よしのぶ）
大阪女学院教育研究センター特任研究員
コラム①

大橋正明（おおはし まさあき）
聖心女子大学教授
コラム②

千本梨紗子（せんもと りさこ）
東洋大学社会学部 3 年
コラム③

石井丈士（いしい たけし）
NPO 法人 CFF ジャパン事務局
担当：コラム④

村上むつ子（むらかみ むつこ）
国際基督教大学アジア文化研究所所員，もと講師／サービス・ラーニング・プログラム担当コーディネーター
担当：コラム⑤・⑥

大学における海外体験学習への挑戦

| 2017 年 12 月 15 日 | 初版第 1 刷発行 |

編　者	子島　進
	藤原孝章
発行者	中西　良
発行所	株式会社ナカニシヤ出版

〒606-8161　京都市左京区一乗寺木ノ本町 15 番地

	Telephone	075-723-0111
	Facsimile	075-723-0095
Website	http://www.nakanishiya.co.jp/
Email	iihon-ippai@nakanishiya.co.jp
	郵便振替　01030-0-13128

印刷・製本＝ファインワークス／装幀＝白沢　正
Copyright © 2017 by S. Nejima, & T. Fujiwara
Printed in Japan.
ISBN978-4-7795-1201-8

本書のコピー、スキャン、デジタル化等の無断複製は著作権法上の例外を除き禁じられています。本書を代行業者等の第三者に依頼してスキャンやデジタル化することはたとえ個人や家庭内での利用であっても著作権法上認められていません。

ナカニシヤ出版 ◆ 書籍のご案内　定価は本体価格です。

大学における学習支援への挑戦
リメディアル教育の現状と課題　日本リメディアル教育学会 ［監修］
500以上の大学・短大などから得たアンケートを踏まえ，教育の質の確保と向上を目指す日本の大学教育の最前線60事例を紹介！　　　　　　　　　　　　　　　2800円＋税

大学における e ラーニング活用実践集
大学における学習支援への挑戦 2
大学 e ラーニング協議会・日本リメディアル教育学会 ［監修］
大学教育現場でのICTを活用した教育実践と教育方法，教育効果の評価についての知見をまとめ様々なノウハウを徹底的紹介する。　　　　　　　　　　　　　　3400円＋税

協同学習の技法
大学教育の手引き　安永　悟 ［監訳］
1人ひとりが真剣に考え，対話し，活動する授業へ。なぜ仲間との学び合いが学習効果を高めるのか，実際にどのように行えばよいのか，その授業をどのように評価するのか，具体的に解説。小・中・高校の授業改善にも。　　　　　　　　　　　　　　　　　　3500円＋税

課題解決型授業への挑戦
プロジェクト・ベースト・ラーニングの実践と評価　後藤文彦 ［監修］
キャリア教育として長年実施され，高評価を得ている三年一貫授業の事例を包括的に紹介し，日本における課題解決型授業の可能性を拓く。　　　　　　　　　　　3600円＋税

大学におけるアクティブ・ラーニングの現在
学生主体型授業実践集　小田隆治 ［編］
日本の大学で行われているアクティブ・ラーニングの多様性と豊かさを伝えるとともに，その導入のヒントとなる実践事例集。　　　　　　　　　　　　　　　2800円＋税

学生と楽しむ大学教育
大学の学びを本物にするFDを求めて　清水　亮・橋本　勝 ［編］
学生たちは，大学で何を学び，何ができるようになったのか。学生とともに進み，活路を切り開く実践例や理論を一挙集約！　　　　　　　　　　　　　　　　3700円＋税

もっと知りたい大学教員の仕事
大学を理解するための12章　羽田貴史 ［編著］
カリキュラム，授業，ゼミ，研究倫理，大学運営，高等教育についての欠かせない知識を網羅。これからの大学教員必携のガイドブック。　　　　　　　　　　　2700円＋税

大学1年生からのコミュニケーション入門
中野美香［著］
充実した議論へと誘うテキストとグループワークを通じてコミュニケーション能力を磨く。高校生，大学生，社会人向けテキスト。　　　　　　　　　　　　　　1900円＋税

大学生からのプレゼンテーション入門
中野美香［著］
書き込みシートを使って，現代社会では欠かせないプレゼン能力とプレゼンのマネジメント能力をみがき，段階的にスキルを発展。　　　　　　　　　　　　　　　1900円＋税

自立へのキャリアデザイン
地域で働く人になりたいみなさんへ　旦まゆみ［著］
なぜ働くのか，ワーク・ライフ・バランス，労働法，ダイバーシティ等，グローバルに考えながら地域で働きたい人のための最新テキスト。　　　　　　　　　　　1800円＋税

大学生のための日本語問題集
小松川浩・中﨑温子・仲道雅輝・山下由美子・湯川治敏［編］
初年次教育をはじめ，リメディアル教育，入学前教育など幅広いレベルに対応したオンラインでも学べる日本語問題集。　　　　　　　　　　　　　　　　　1800円＋税

大学1年生のための日本語技法
長尾佳代子・村上昌孝［編］
引用を使いこなし，論理的に書く。徹底した反復練習を通し，学生として身につけるべき日本語作文の基礎をみがく初年次科目テキスト。　　　　　　　　　　1700円＋税

理工系学生のための大学入門
アカデミック・リテラシーを学ぼう！　金田　徹・長谷川裕一［編］
キャンパスライフをエンジョイする大学生の 心得を身につけライティングやプレゼンテーションなどのリテラシーをみがこう。　　　　　　　　　　　　　　1800円＋税

話し合いトレーニング
伝える力・聴く力・問う力を育てる自律型対話入門 大塚裕子・森本郁代［編著］
様々な大学での授業実践から生まれた，コミュニケーション能力を総合的に発揮する話し合いのトレーニングをワークテキスト化。　　　　　　　　　　　　　1900円＋税

3訂 大学 学びのことはじめ
初年次セミナーワークブック　佐藤智明・矢島　彰・山本明志［編］
高大接続の初年次教育に最適なベストセラーワークブックをリフレッシュ。全ページミシン目入りで書込み，切り取り，提出が簡単。　　　　　　　　　　　　1900円＋税